영재 공부

Guiding the Gifted Child
Copyright ©1994 by Great Potential Press
All rights reserved.
Original edition published by Great Potential Press, USA.
Korean translation rights arranged with Amer-Asia Books, Inc.(GlobalBookRights.com), USA
and Dodreamedia, the imprint of Maekyung Publishing, Korea
through PLS Agency, Korea.
Korean edition published in 2016 by Dodreamedia, the imprint of Maekyung Publishing, Korea.

이 책의 한국어판 저작권은 PLS를 통한 저작권자와의 독점 계약으로 두드림미디어에 있습니다.
신저작권법에 의하여 한국어판의 저작권 보호를 받는 서적이므로 무단 전재와 복제를 금합니다.

영재의 미래를 위해
부모가 꼭 알아야 할 지침서

영재 공부

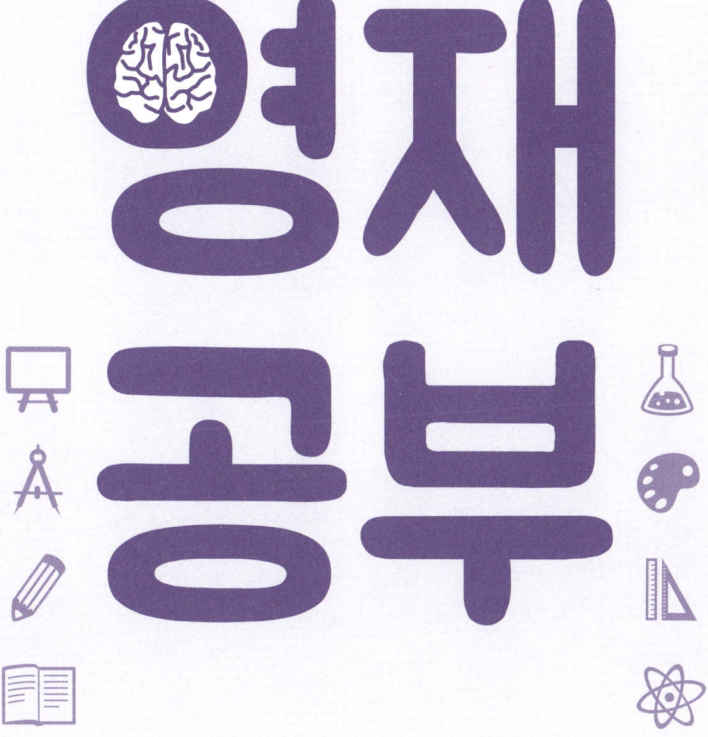

제임스 웨브, 엘리자베스 멕스트로스, 스테파니 톨란 지음 | 지형범 옮김

매일경제신문사

관심과 사랑으로 다가서기

특별한 재능을 타고난
이 세상 모든 어린이에게 이 책을 바칩니다.

남다른 호기심과 열정으로 세상을 이해하고,
가깝게 다가서기 위해 노력하는 아이들을 응원합니다.
이들의 순수하고 깨끗한 마음을 지지하고 격려하는
모든 분에게 정중히 경의를 표합니다.

따뜻한 관심과 사랑으로 다가서야
아이들은 뛰어난 재능을 마음껏 펼칠 것입니다.
이 책이 많은 영재와 영재 부모에게 용기와 희망을 주고,
세상과 소통하는 창이 되길 희망합니다.

옮긴이의 말

처음 이 책을 만났을 때, 손에서 쉽게 놓을 수가 없었다. 여러 번에 걸쳐 읽으며, 영재의 정서적 어려움을 조금씩 이해하게 되었다. 영재에 대한 오해의 벽은 꽤 높았고, 나 역시 마찬가지였다. 이에 곧바로 번역에 착수했다. 처음에는 멘사코리아MENSA KOREA 회원들에게 도움이 됐으면 하는 마음으로 한 장씩 요약해 인터넷 사이트에 올릴 생각이었다.

그러나 번역을 진행할수록 다양한 정보를 담고 있는 책의 깊이에 놀라게 되었다. 나아가 '영재뿐 아니라 일반 아이들에게도 해당하는 이야기가 아닐까?' 하는 생각이 들었다. 요즘 아이들의 습득 능력은 놀라울 정도로 빨라 한 세대 이전의 영재와 지적 능력이 비슷하기 때문이다. 또 영재도 아이라는 점에서 근본적으로 같다고 할 수 있다. 인터넷으로만 공유하기에는 아쉬운 마음이 너무 컸기에 결국, 출판하기로 마음을 먹었다. 그렇게 이 책은 여러분과 만나게 되었다.

영재들은 독특한 어려움을 겪는데, 이들의 특성은 다소 이해하기 어렵다. 그로 인해 잠재력이 개발되지 못한 채 사장되기도 한다. 흔히 엘리트 교육기관에 들어가면 문제가 해결될 것으로 생각하지만, 큰 도움이 못 된다. 영재들이 어려움을 겪는 이유는 지적인 자극이 아니라 정서 개발이 제대로 이뤄지지 않아서다. 그런데도 이를 제대로 인식하지 못하거나 관심이 없다. 기관들은 오로지 우수한 학생들을 모아 그중 최고를 배출하는 데만 관심이 있다. 좌뇌적 인재들이 아니면 견디기 힘든 곳이 대부분이다. 유별나게 민감한 감수성을 지닌 영재들은 이런 성공 지향적인 경쟁 체제에 매우 큰 반감을 품는다. 이것이 영재의 딜레마인 동시에 엘리트 교육기관의 함정이다.

이 책이 만들어진 배경에는 가슴 아픈 사연이 있다. 17세 영재 소년의 자살이 그것이다. 소년의 부모는 자신들의 비극이 또다시 되풀이되지 않길 바라며 '영재 정서 개발 프로그램' 재단을 만들었고, 그 노력의 결과를 이 책에 고스란히 담았다.
이런 프로그램은 우리나라에도 필요하다. 한국인들은 짧은 시간 안에 인적 경쟁력을 세계 최고 수준에 올려놨다. 높은 교육열이 만든 결과라고 생각된다. 하지만 그동안 영재교육은 외면되고 방치됐다. 비단 우리나라만의 사정은 아니다. 교육 선진국이라고 하는 나라에서도 영재교육만큼은 늘 실패를 거듭하고 있다. 미국에서조차 뒤늦게 영재교육의 필요성을 느꼈고, 이 책이 출판되었다. 책을 읽으면, 당시 미국의 영재교육이 결코 성공적이지 못했음을 알 수 있다.

우리도 하루빨리 제대로 된 영재교육을 시작해야 한다. 정부나 교육기관에만 의지해서는 안 된다. 언제 체계적인 시스템이 만들어지고 운영될지 요원하기 때문이다. 영재와 그 부모들이 먼저 정보와 바른 인식을 공유하고 자구책을 마련해야 한다.

《영재 공부》는 영재교육의 훌륭한 입문서라 할 수 있다. 많은 학부모, 교사뿐 아니라 관련된 모든 이들에게 공유되길 바란다. 그렇게 되면 많은 영재가 더 밝고 건강하게 자라게 될 것이다. 나아가 그것은 국가 경쟁력 발전으로 연결될 수 있다. 영재교육도 국제적인 경쟁이라고 생각한다. 이에 성공하는 나라는 선진국이 될 것이고, 그렇지 못하면 낙후될 것이다.

우리나라에 유독 영재들이 많다면, 높은 교육열이 반드시 부작용만 있는 것이 아니라면, 서둘러 영재교육 프로그램을 개발해야 한다. 그러기 위해선 사회적 차원의 인식 전환이 필요하다. 우리나라에는 공공 영재교육기관과 사설 영재교육원이 적지 않다. 하지만 정서 발달에 초점을 맞춘 교육 프로그램은 부족한 실정이다. 영재들이 느끼는 독특한 정서적 어려움에 대한 깊은 공감 없이는 프로그램 진행이 불가능하다. 아무쪼록 이 책을 계기로 영재와 그들 부모를 위한 움직임이 더욱 크고 활발하게 진행되길 바란다.

지형범

프롤로그

똑똑하고 재능 많은 영재, 17세 소년 댈러스 엑버트가 스스로 목숨을 끊었다. 갑작스러운 아들의 죽음에 부모는 망연자실했다. 부모는 대체 무엇이 잘못됐는지 알고 싶었고, 하루빨리 고통스러운 마음을 추슬러야만 했다. 도움을 얻기 위해 엑버트 부모는 영재 부모 모임과 관련된 프로그램을 찾았다. 하지만 도움의 손길은 쉽게 찾을 수 없었다. 여러 방면으로 소식을 구하던 중 댈러스 부모는 우리 협회를 만나게 되었고, 우리는 곧 한 프로젝트에 뛰어들었다.

프로젝트의 목적은 영재들에게 정서 개발 프로그램이 꼭 필요함을 인식시키는 것이었다. 그 전까지 정서교육의 필요성은 간과되기 일쑤였고 줄곧 방치됐다. 이런 무관심 속에 영재들은 잠재력을 완전히 발휘하지 못했고, 아이로서 마땅히 누려야 할 기쁨도 누리지 못했다. 오히려 정신적인 고통이나 우울증을 앓기도 했다.

아이들을 사랑하는 마음만으로는 충분하지 않다. 하나의 회사를 경영하는 것처럼, 우리는 우리의 역할이 무엇인지 제대로 알아야만 한다!

댈러스 부모와 제임스 웨브 박사가 〈필 도나휴 쇼〉^{당시 미국의 유명 토크 쇼}에 출연해 '영재 정서 개발의 필요성'을 주제로 토론을 펼쳤다. 방송 이후 2만 통이 넘는 편지가 날아왔다. 우리는 수많은 편지를 읽으며 이 문제가 그동안 무책임하게 방치됐음을 알았다. 그간 영재와 그 가족에 대한 수많은 오해가 있었음을, 또 이해의 부족이 얼마나 컸는지를 확인할 수 있었다. 함께 토크쇼에 출연한 조이스 전턴이 발 벗고 나서 편지들을 국립영재협회 National Association for Gifted Children 본부로 가져갔다. 협회에서는 거의 모든 편지에 답장을 보냈다. 전턴 여사는 이후 국립영재협회의 이사를 역임하면서, 우리 프로젝트에 귀중한 조언과 지원을 아끼지 않았다.

이를 계기로 영재와 그 가족을 위한 정서 개발 프로그램을 시작했다. 고맙게도 오하이오 주 데이턴 시에 소재한 라이트 주립대학 심리학부가 문을 열어주었다. 댈러스의 부모와 라이트 주립대학은 '댈러스 액버트 기금'을 만들어 도움을 주었다. 지역 사회의 후원 또한 프로그램을 시작하는 데 든든한 밑거름이 됐다. 이 프로그램에서 우리가 한 작업은 크게 두 가지였다. 하나는 영재와 그 가족을 자세히 인터뷰하고, 그들의 지적 특성과 인성을 평가해 도움을 주는 것이었다. 다른 하나는 심리학자, 교사, 여러 전문가와 개별 면담과 집단 토론을 하고, 여기서 얻은 내용을 종합하는 것이었다. 그 과정에서 영재와 가족의 정서 개발 문제를 다루는 수많은 영재 전문가들과 의견을 교환했다. 이 작업을 진행하며 알게 된 안타까운 사실 중 하나는, 전문가들조차 영재 정서 개발과 관련해 별다른 훈련을 받지 못했다는 점이다.

우리는 영재 부모들을 직접 만나 그들을 토론 자리로 이끌었다. 토론은 일정한 규칙에 따라 집단 토의로 진행됐다. 영재 가족들이 주로 관심 있는 열 개의 주제를 정해 논의했다. 한 번에 한 가지 주제를 집중적으로 다뤘다. 우선 주제에 대한 간단한 기본 정보를 설명하고, 부모들이 자유롭게 의견을 나누도록 했다. 이렇게 토론이 이뤄지면 전문가들이 평가하고 도움말을 주는 식의 과정을 반복했다.

누구도 사전 연습 없이 부모가 되기에, 모두가 서투를 수밖에 없다. 부모의 역할은 상당한 기술이 필요하다. 더구나 자식이 영재라면, 나아가 하나가 아닌 여럿이라면 더욱 힘든 일이다. 어떤 분은 극단적으로 이렇게 말하기도 했다. "영재가 인생을 바꾼다고요? 아닙니다. 완전히 망가뜨립니다." 부모들은 아이를 어떻게 이해하고 동기를 끌어냈는지 경험담과 함께 좋은 아이디어들을 내놓았다. 부모들과의 연속 토론으로 우리 역시 많은 것을 배웠다.

천재성을 지닌 아이들이 유별난 행동을 보인다고 해서 그것을 바로잡으려 해서는 안 된다. 천재성이 다른 것과 조화를 이루도록 하는 법을 배워야 한다. 우리는 부모들의 요청을 받아들여 이것을 한 권의 책에 담기로 했다. 책을 만든다고 하니 많은 분이 적극적으로 도움을 주었다. 수많은 경험담과 사례, 우리에게 용기와 격려를 해준 그분들에게 진심으로 감사의 마음을 전한다. 이 책은 영재 부모들, 영재와 가까이에서 일하는 분들한테 도움이 될 것이다.

이 일을 계기로 다른 나라에서도 부모들의 토론 모임이 활발히 이뤄졌으면 좋겠다. 이는 영재 프로그램을 개발하는 데 아주 귀중한 자료가 될 것이다. 현재 교육 환경에서 영재 프로그램이 제공되기는 어렵다. 프로그램 자체가 아예 없는 곳도 많다. 있다

하더라도 예산 문제로 유명무실하다. 또 영재 프로그램이 있긴 하지만 영재들이 겪는 정서적 문제에 대한 이해가 부족하거나 아예 방치되곤 한다. 이러한 환경에서 관심을 가진 부모들의 토론 모임은 소중한 대안이 될 것이다.

chapter 01에서는 영재가 과연 무엇인지, 영재에 대한 잘못된 상식과 편견을 다뤘다. 영재들의 행동 특성을 연구하다 보면 보통 아이들과 매우 다른 발달 과정을 보일 뿐 아니라, 많은 차이가 있음을 알 수 있다. 우리는 영재들이 자기 존중, 자존심, 건강한 자의식을 가질 수 있도록 기초를 잡아주어야 한다. 이런 기반이 단단히 다져져야 영재 부모도 앞으로 아이가 겪게 될 특별한 정신적 시련에 대비할 수 있다. 각오를 다지고, 다양한 상황에 대한 면역력을 키우고, 때로는 문제 자체를 예방할 수 있도록 가르칠 수 있다.

chapter 02부터 chapter 12에서는 영재들의 구체적인 특성, 문제점, 습관 등에 대한 다양한 시각을 정리했다. 무엇보다 영재의 능력을 성장시키는 방법을 가족 중심으로 풀어나가기 위해 노력했다. chapter 13에서는 실제 영재 부모인 스테파니 톨란이 학부모들과 교사들에게 보내는 공개편지를 담았다. 영재 부모의 아픔과 어려움을 느낄 수 있을 뿐만 아니라 앞의 chapter에서 설명한 여러 문제와 해결 방법이 실제 어떻게 적용되는지도 살필 수 있다.

많은 이들의 노력과 정성으로 만들어진 이 책이 부디 당신에게 도움이 되길 바란다. 이론서에서 한발 더 나아가 실질적인 도움을 주는 책을 만들기 위해 노력했다. 아이가 특정 행동을 보일 때, 실제 참고할 수 있도록 다양한 사례와 방법을 싣고자 했다.

"그래서 우리가 어떻게 해야 한다는 겁니까?"라는 질문을 던지는 독자들이 있을지도 모르겠다. 또 어쩌면 우리가 제시한 것보다 좋은 방법을 갖고 있을지도 모른다. 그렇다면 주저 말고 공유해주기를 바란다. 우리는 영재들이 지식을 쌓는 데만 목표를 둬서는 안 된다고 생각한다. 많은 공감을 통해 영재와 주변 사람 모두가 행복해지는 것이 우리의 바람이다.

아는 것과 이해하는 것에는 커다란 차이가 있다. 어떤 것을 아주 많이 알기는 하지만, 전혀 이해하지 못하는 일이 일어날 수 있다.

- 찰스 케터링

영재는 지지대가 필요한 덩굴식물과 같다. 이미 만들어진 틀에 맞춰 강제로 자라게 할 순 없다. 자연스럽게 성장할 수 있도록 돕기만 하면 된다.

- 스테파니 톨란

차 례 contents

옮긴이의 말 · 5
프롤로그 · 9

Chapter 01 우리 아이, 영재인가? ··· 23

어떤 아이가 영재인가? · 25
영재성을 발견해라 · 28
과대평가하지 마라 · 30
영재는 무엇이든 할 수 있다? · 31
정서적 안정을 최우선으로 해라 · 33
다름을 인정해라 · 35
영재를 위한 또래 친구는? · 38
부정적인 선입견을 버려라 · 42
영재의 고통을 이해해라 · 50
영재를 위한 해결책은? · 54

Chapter 02 영재의 무한한 가능성에 주목하라 ··· 65

긍정적인 영향을 주는 사람은? · 66
부모의 면역력을 키워라 · 68

Chapter 03 영재의 특성과 구별법 ··· 76

렌줄리 모형 · 80
우뇌와 좌뇌 · 83
지능 검사 · 85
| 궁금해요 알려주세요 | · 92

Chapter 04 동기 유발에 투자하라 ··· 96

동기 유발의 실패 요인은? · **97**
감정 존중에서 출발해라 · **101**
인간 행동의 욕구 단계 이론 · **103**
성취동기 높이는 세 가지 접근법 · **105**
성취동기를 지나치게 강요하지 마라 · **113**
| 궁금해요 알려주세요 | · **116**

Chapter 05 야단치지 말고 훈육하라 ··· 120

훈육과 벌을 구분해라 · **121**
한계선을 정해라 · **123**
규칙을 지켜라 · **124**
순리에 따라라 · **126**
칭찬하기 · **128**
감정을 배려해라 · **131**
선택권을 줘라 · **132**
긍정적인 훈육 방법 · **134**
부정적인 훈육 방법 · **140**
| 궁금해요 알려주세요 | · **144**

Chapter 06 스트레스에 유연하게 대처해라 ··· 149

인내심 기르기 · **150**
적당한 스트레스를 즐기도록 해라 · **151**
스트레스를 감당하게 해라 · **152**
지적 능력과 정서 발달의 차이점을 파악해라 · **153**
부정적인 혼잣말을 차단하라 · **154**
비합리적인 믿음을 버려라 · **156**
스트레스를 효율적으로 관리해라 · **157**
| 궁금해요 알려주세요 | · **167**

Chapter 07 정서적 안정이 최우선이다 ··· 171

기죽이는 말을 피해라 · **173**
막말을 피해라 · **175**
확신을 주는 한 사람을 만들어라 · **178**
눈높이에 맞는 의사소통을 해라 · **179**
감정을 소통해라 · **182**
듣는 의사소통을 해라 · **185**
감정 문제에 이렇게 대처해라 · **189**
| 궁금해요 알려주세요 | · **191**

Chapter 08 특별한 친구를 만들어라 ··· 195

진정한 또래 친구는? · **196**
친구 관계의 특징을 파악해라 · **197**
비교하지 마라 · **198**
선택은 아이에게 맡겨라 · **199**
특별한 친구를 만들어라 · **201**
영재와 미운 오리 새끼 · **202**
리더십과 골목대장 · **203**
리더십을 키워라 · **204**
친구 관계의 롤모델을 제시해라 · **207**
| 궁금해요 알려주세요 | · **209**

Chapter 09 형제자매 관계에 균형감을 가져라 ··· 214

서열에 따른 특징을 파악해라 · **214**
치열한 역할 경쟁을 활용해라 · **215**
내가 너보다 잘났어! · **216**
나는 너보다 못났어! · **217**
비교하지 마라 · **218**
마음을 읽어라 · **220**

경험을 활용해라 · 221
부정적인 본보기를 제거해라 · 222
무조건 개입하지 마라 · 223
긍정적인 역할을 부여해라 · 225
협력하도록 격려해라 · 225
가족 관계에 균형을 유지해라 · 226
| 궁금해요 알려주세요 | · 228

Chapter 10 관습에 얽매이지 마라 ··· 234

문화적 경험을 공유해라 · 235
기본적인 통과 의례를 거쳐라 · 235
관습 거부를 받아들여라 · 236
'왜?'를 당연하게 생각해라 · 238
다른 대안도 있음을 가르쳐라 · 239
관습 파괴의 대가를 알려라 · 240
특별한 이해심과 인내심을 길러라 · 241
우리 가족의 문화를 명확히 해라 · 243
| 궁금해요 알려주세요 | · 246

Chapter 11 우울증을 경계해라 ··· 250

영재의 우울증이란? · 250
우울증의 세 가지 유형을 파악해라 · 251
자책하고 자학하면 의심해라 · 253
존재론적 질문에 귀 기울여라 · 253
논쟁은 절대 피해라 · 254
자살 암시는 구조 요청임을 알아라 · 257
슬픈 감정을 표출하게 해라 · 258
부모의 우울증도 경계해라 · 259
| 궁금해요 알려주세요 | · 261

Chapter 12 **영재 부모로 거듭나라** … 264

    영재라고 밝혀라 • 265
    시간 관리를 철저히 해라 • 266
    재충전하고 균형을 갖춰라 • 266
    최선의 양육방법을 찾아라 • 267
    한부모, 재혼 가정은 차별화해라 • 268
    합리적인 의사 결정을 해라 • 269
    가정의 규칙을 세워라 • 270
    소망 • 271
    | 궁금해요 알려주세요 | • 273

Chapter 13 **영재 부모, 스테파니 톨란의 편지** … 278

    조금 영특한 줄만 알았던 어린 시절 • 279
    입학해서 발견한 영재성 • 288
    지능검사를 받다 • 292
    영재교육의 민낯 • 294
    학교생활 분투기 • 298

참고자료 • 308

영재 공부

chapter 01

우리 아이, 영재인가?

여섯 살 아이가 유치원 교사에게 "선생님, 돌은 살아 있는 거예요"라고 말한다. 아이는 돌이 무생물이지만 어떤 성격이 있다고 주장했다. 이처럼 영재들은 발상이 다르다. 사용하는 단어뿐 아니라 근본적인 생각부터 남다르다. 이런 특징을 보이는 아이와 접하면 우선은 재밌고 놀랍다. 하지만 남다른 '창조적 사고방식'은 아이와 그 가족에게 많은 오해와 문제를 불러오기도 한다.

일반적인 교육 체계에서는 평균, 평범을 중요하게 생각한다. 예술 특기자한테는 예외적인 기준을 제공하지만, 그 외에는 예외나 파격을 싫어한다. 유치원 때부터 아이들은 평균에 속해야 한다는 무언의 압력을 받는다. 따라서 남과 다른 영재들은 어딜 가나 지적 황무지에 갇히게 된다. 이런 세계는 영재에게 무척 외로운 곳이 될 수 있다.

정부나 지방자치단체의 교육행정에서 영재교육은 한참 뒤로 밀려나 있다. 법 규정이 있고 영재 지원 프로그램이 있지만, 전문 인력과 예산 부족으로 시행되지 않는 곳이 많다. 시행되더라도 그 혜택은 소수에 한정돼 있다. 특히 장애가 있거나 사회적 차별 안에 있는 영재에게는 기회가 돌아가지 않는다. 사회적 소수 집단의 교육 환경은 '잠재 능력을 죽이기 위해 모든 것이 준비된' 상태라고 할 수 있다.

영재를 제대로 이해하지 못하고, 교육 예산이 매우 낮게 책정된 상황에서 '영재에게 특별한 정서 개발이 필요하다'는 주장은 부질없는 이야기로 들린다. 미국 교육부에서 펴낸 〈멀랜드 보고서 *Marland Report, 1972*〉는 "영재들은 실질적인 기회를 박탈당하고 있다. 심리적인 고통에 시달리는 그들이 재능을 잃고 상처를 입을까 걱정이다"라고 말한다.

chapter 01에서는 영재에게 필요한 정서 개발의 개념에 대해 말하려고 한다. 영재 스스로 여러 상황에 대응할 수 있고, 그런 힘을 키울 수 있는 능력이 있음을 설명할 것이다. 영재는 가족을 따로 놓고 볼 수 없다. 가족과 함께 생각할 수 있는 환경을 만들어야 한다. 이때, 무엇보다 중요한 것은 영재의 정서 개발이며, 이를 외면한다면 가정은 곧 어려움을 맞게 될 것이다.

어떤 아이가 영재인가?

영재란 무엇인가? '영재'와 '천재'는 같은 뜻일까? 지적 잠재력을 지닌 영재들은 모두 같은 성격일까? 영재의 기준은 무엇이고, 차별성은 무엇일까? 내 아이가 영재라면? 영재는 단지 생각의 속도가 빠른 것인가? 아니면 사고방식 자체가 다른 것인가?

이런 몇 가지 문제만으로도 영재의 개념은 복잡하다. 오랜 연구 끝에 〈멀랜드 보고서〉는 영재성에 여섯 가지 분야가 있다고 주장한다.

① 지적 능력
② 특정 학문 탐구력
③ 창조적·생산적 사고 능력
④ 지도력
⑤ 시각예술·무대예술 예능
⑥ 운동 능력

'운동 능력 체육 특기'은 영재성으로 인정되지 않았지만, 더욱 넓은 의미에서는 포함하는 것이 맞다. 대부분 영재라고 하면 ①, ②의 지적 요소와 학문적 성취에만 주목한다. 예술 분야에서 뛰어난 재능을 보여도 지적 능력이 우수하지 않으면 영재로 인정받지 못한다. 만약 예술적 재능이 뛰어나고 부유한 환경 속에 있다면 성공 가도에 오르기는 좀 더 쉬울 것이다.

영재는 전체 인구에서 상위 2.5~3%에 들어야 한다. 이 말은 100명 중 두세 명이 천재라는 뜻이 아니다. 이들은 영재고, 영재 중 극히 일부가 천재다. 전체 인구와 비교했을 때, 영재 혹은 천재는 얼마나 될까? 지적 능력 평가에는 여러 가지가 있지만, 편의상 검사를 통해 측정하는 '지능지수 Intelligence Quotient, IQ'를 이용하기로 한다.

사람들의 평균 IQ는 100이다. 〈그림1〉의 제일 오른쪽에 표시한 부분이 우리가 말하는 영재에 해당하는 사람들이다. IQ 130 표준 편차 ±15 이상을 영재로 보지만, 기준이 아주 명확하다고는 할 수 없다. 전문가나 교육기관의 의견은 다양하게 나뉘는데, 창조

〈그림 1〉 지능지수 분포도

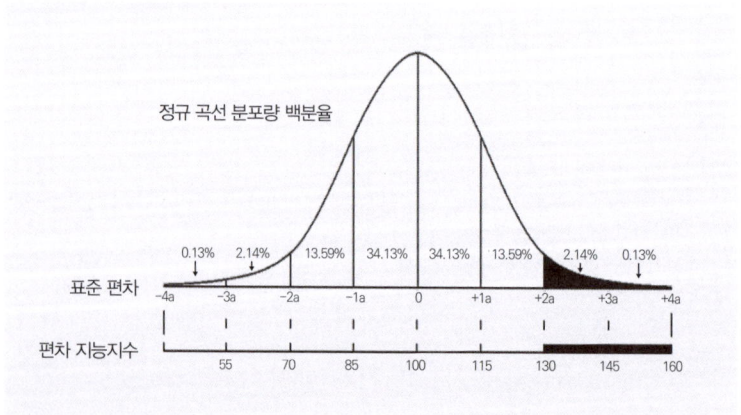

적 사고방식이나 특수 재능을 포함해 IQ 125 이상으로 봐야 한다는 의견도 많다.

IQ 130은 또 다른 의미가 될 수 있다. 임원급 경영진, 과학자, 의사들의 평균 IQ는 130이다. 이 사람들은 어떤 직업군에서나 일을 제대로 처리할 수 있는 잠재력이 있다는 설명이다.

대부분 지능검사는 IQ 145~160까지 측정할 수 있다. 이론적으로 얼마든지 더 높은 지능지수가 있을 수 있다. 사실 지능에 어떤 한계가 있는 것이 아니다. 어느 수준까지 오를 수 있을지 지금으로써는 알 수 없다. 많은 사람에게 지능검사를 받게 하면 IQ가 180, 심지어는 200까지 측정되기도 한다. 여러 이론이 있지만 대체로 IQ 160 이상이 나오면 천재라고 한다.

영재들은 매우 다양한 특성이 있다. IQ 130 이상이면 영재지만 무려 200 가까운 사람도 있다. 영재 사이에도 70 정도의 차이가 있다. 지적장애 기준에 가까운 사람[IQ 85]과 최우수 집단에 속하는 사람[IQ 130]의 차이는 45에 지나지 않는다. 전체 인구의 약 70%도 IQ 90~110이다. 지수 차이는 20에 불과하다. 따라서 영재들을 하나의 그룹으로 보는 것은 잘못이다. 고도 지능인 사람들은 영재들과는 또 다른 면을 보인다.

영재성을 발견해라

　지능검사는 영재를 구분하는 한 가지 기준일 뿐이다. 영재인지 아닌지를 판단하는 데는 여러 가지 방법이 있다. 학교 성적, 기발한 행동 특성, 교사나 부모의 관찰 등으로 영재인지 알 수 있다. 지능지수는 단지 한 개인의 전반적인 잠재력을 평가하는 수단일 뿐이다.

　IQ 130을 넘지 않지만, 창조적인 감각을 가진 영재도 드물지 않다. IQ라는 지수 자체가 절대적인 것이 아니다. 한 사람이 여러 차례 검사를 받다 보면 5~10 심지어는 20까지 차이 나는 결과가 나온다. 지수에 영향을 주는 요인은 다양하다. 지능검사 시험을 만든 심리학자의 의도를 얼마나 이해했느냐에 따라 달라진다. 또 시험 장소가 시끄러워 집중력이 떨어지는 등 아이가 느끼는 상태에 따라 결과는 더 낮게 나온다. 아이가 지나치게 긴장했거나 허기지거나 두통이 있었다면, 편안하고 기분 좋은 상태일 때보다 낮은 결과를 얻을 것이다.

　지능지수는 여러 가지 지적 요소를 종합적으로 평가한 수치다. 언어 능력이 훌륭한 아이가 있는가 하면, 음악적 재능이 우수하거나 미술에 놀라운 재능을 보이는 아이도 있다. 시공간 감각이 뛰어나 건축, 기계 설계 분야에서 우수한 아이가 언어 능력은 평범할 수 있다. 이런 차이를 연구해 두 명의 케인 박사가 결과를 발표했는데, 바로 '좌뇌·우뇌 이론'이다.

현재 시행 중인 지능검사가 완전하지는 않지만, 지적 능력을 다른 아이들과 비교, 평가하는 것은 가치가 있다. 어떤 의미에서는 중요한 기준이 된다. 실제로 현장에서 교사들은 관찰을 통해 아이들의 성과와 잠재력을 비교, 평가한다. 아이가 영재인지 판별하는 일이 부모에게 힘든 일이듯, 교사에게도 쉽지 않다. 한 연구 결과에서는, 개별 지능평가에서 영재로 판별된 아이 중 절반 정도를 영재가 아니라고 보았다.

학업 평가와 집단 지능검사에는 약점이 하나 있다. 영재들이 자신의 능력을 감추면 아무 소용이 없다는 것이다. 영재 판별에 실패하는 이유는 전문가의 무관심, 무지, 무책임한 태도보다 영재들이 협조적이지 않기 때문인 경우가 더 많다. 〈멀랜드 보고서〉는 국가 주도의 조사 작업이었는데, 학교 행정 책임자 중 57.5%가 "우리 학교에는 영재가 하나도 없다"고 응답했다고 한다. 이 보고서에 따르면, 영재로 판별된 학생 중 1/3은 검사만 했을 뿐, 학교는 달리 한 것이 없다고 했다. 나머지 2/3도 "지수가 높게 나왔으니 학업에 좀 더 열중하자"는 말을 들은 것이 전부였다.

아이의 영재성을 가장 먼저 알아차리는 사람은 부모다. 영재 부모는 자식이 아주 어릴 때부터 또래보다 지능 발달이 빠른 것을 느낀다. 예를 들어, 세 살짜리 아이가 슈퍼마켓에서 온갖 질문을 쉬지 않고 하며, 지칠 줄 모르고 장난을 해대 여간 힘든 게 아니라고 불평한다. 하지만 이를 통해 아이가 특수하다는 것을 알게 된다. 영재들의 유머 감각은 분명 뛰어나다. 아이들은 일정한 속도로 발달하지 않는다. 어느 날 재능이 훌쩍 자라다가 또 한동안은 지체되며 들쑥날쑥 제멋대로다. 어떤 일률적인 비교 기준을 적용하기 어렵다. 하지만 행동발달 표준에 대해서는 어느 정도 정리가 잘 되어 있으니 참고하면 도움이 될 것이다.

과대평가하지 마라

당신의 아이가 영재라고 가정하자. 내 아이가 장차 사회에 공헌하는 중요한 구성원이 될 거란 믿음이 생길 것이다. 그렇지 않은가? 의사, 변호사, 과학자, 대통령 등등. 물론 꼭 그래야 하는 것은 아니다! 〈멀랜드 보고서〉는 "안타깝게도 많은 영재가 잠재 능력에 턱없이 떨어지는 학업 성과를 얻고 있다. 연구를 계속할수록 '영리한 아이들은 스스로 자기의 길을 갈 것'이란 생각이 잘못된 것임을 알게 되었다"라고 말한다. 한 보고서는 고등학교

중퇴자의 15~30%가 영재였다고 밝혔다. 그 밖에도 많은 연구에서 영재 상당수의 성적이 낮다고 확인되었다. 영재들에게 우울증의 징후가 많다는 보고도 많다. 10대 영재들 사이에 자살률이 높다는 놀라운 조사 결과도 있다.

왜 영재들은 높은 잠재력을 제대로 활용하지 못할까? 왜 자기 목숨을 버리는 극단적인 선택을 할까? 왜 그들은 불행할까? 무엇이 지능이 높은 아이와 가족에게 문제를 일으킬까?

영재는 무엇이든 할 수 있다?

영재에 대한 잘못된 상식이 많다. 1900년대 초, "빨리 익는 과일이 빨리 상한다"는 말이 널리 퍼진 적이 있었다. 일찍 영재성을 나타내면 영재성이 빨리 시들고, 사춘기 후 지능 발달이 평균보다 훨씬 떨어지거나 요절한다는 이야기였다. 그런 말도 안 되는 상식이 최근에는 더욱 그럴듯한 의미로 변형되기까지 했다.

불행히도 많은 학부모, 교사, 관계자들이 잘못된 인식에 기반을 두고 행동하고, 정책을 편다. 그것이 잘못됐음을 깨닫지 못하고 있다. 특히 학교 행정 책임자들은 영재들에게 상처를 주고 있다. 그들은 흔히 이런 말을 한다. "우리 교육구에는 아무런 문

영재를 향한 오해의 시선

일반인들의 오해
무엇이든 할 수 있다.
도움을 주지 않아도 잘한다.
특수 재능은 유전된 것이다.
오직 두뇌 활동으로만 평가받는다.
정서적으로도 발달해 있을 것이다.
일종의 복권 당첨자들이다.
다른 사람과 사귀는 것을 싫어한다.

부모와 교사들의 오해
알려주지 않으면 자기가 영재라는 것을 모른다.
(반대로) 영재성이 있음을 계속 강조해야 한다.
도와주지 않아도 혼자서 잘한다.
다른 아이들보다 높은 목표 설정이 필요하다.
봉사에 대한 책임을 더 많이 진다.
아이들 앞에서 모범 사례로 인정하면 좋아한다.

제가 없습니다! 이런 아이들은 스스로 잘 해나가게 되어 있습니다" "이 아이들에게 필요한 것은 좀 더 어려운 숙제를 내주는 것뿐입니다" "내가 이 아이들 같다면 아마 부자가 되고 유명해졌을 겁니다" "아니, 다른 아이들이 갖고 싶어 하는 모든 것을 다 가진 아이들을 위해 무얼 더 해줘야 한다는 말입니까?"

많은 사람이 믿는 것과 달리, 영재는 스스로 모든 것을 할 수 있는 존재가 아니다. 영재가 잠재력을 가진 것은 분명한 사실이지만 도움이 없다면 결코 좋은 성과를 낼 수 없다. 물론 그들에게는 학문적인 지원이 필요하다. 하지만 더 필요한 것은 이해, 수용, 지원, 격려다. 유명한 터먼의 연구에서도 학업 성취도를 얻지 못한 영재들은 연구 대상에서 아예 제외했다. 터먼 연구의 후속 작업을 통해, 학업 성취도가 낮은 영재 중 최소 20%의 아이들에게서 정서적 문제가 있다는 것이 분명히 드러났다. 영재의 학업 성취도 부진과 정서적 문제는 뚜렷한 상관관계가 있다는 것이 밝혀졌다. 터먼 연구의 대부분은 교사들이 선정한 영재를 대상으로 했고, 집단검사로 좋은 성과를 내고자 하는 자발성이 강한 영재를 선정했다. 이미 정서적 발달 장애를 가진 아이들이나 자신의 능력을 정해진 방법으로 보여줄 수 없는 영재들은 이 연구에 포함되지 않았다.

정서적 안정을 최우선으로 해라

우리 사회는 영재성을 진정으로 평가하고 있을까? 아마 지극히 '특별한 경우'에만 그렇다고 보아야 할 것이다. 보통 우리는 평균적인 것, 전체와 조화를 이루는 것에 가치를 두었다. 사람들을 훈련해 수동적으로 일정한 가치관을 갖도록 하는 것에 힘을 쏟아왔다. 인간의 정서적 반응과 삶의 형태는 다수의 미디어로 단순화되었다. 틀에 박힌 가치관과 간단한 해결책만을 가르쳐 왔다. 우리 사회는 지적 자극, 창조성, 지적 다양성을 통해 얻을 수 있는 엄청난 가능성과 혜택을 얻지 못하고 있다. 우리는 끊임없이 체력을 단련하고 사회적 기술을 습득하도록 강요받지만, 지적 잠재력을 개발하는 데는 무관심한 상태라고 할 수 있다.

여기서 우리가 알리고자 하는 것은 전체 영재 중 30% 정도만 공식적인 영재교육의 혜택을 받는다는 현실이다. 국가 전반에 걸쳐, 영재교육을 담당하는 교사 여섯 중 한 사람만이 공식적인 교육을 받은 상태다. 영재를 위한 학교 프로그램이 있지만, 단순 지식의 반복 교육에서 벗어나지 못하고 있다. 고급 과정이더라도 원칙, 개념, 평가 능력 정도만 강조되고 있다. 여러 가지 호기심을 허용하는 분위기가 아니다. 일반적으로 집단으로의 적응이 강조된다. 자기 자신에 대한 이해, 다른 사람과의 관계를 만드는 능력, 감수성 함양, 긍정적인 자화상 만들기 같은 핵심 사항은 빈약하다.

정서적·사회적 적응에 문제가 있는데, 다양한 지식을 주입하고 이론 개념을 강화하는 것이 과연 도움이 될까? 중요한 문제는 얼마나 많은 영재가 정서적 가치를 추구하고 있느냐 하는 것이다.

다름을
인정해라

　영재들의 세계관은 전통적인 것과 다르다. 한 가지에 고착되지 않고 여러 가지 생각을 동시에 한다. 감성, 행동, 사고방식이 강한 편이다. 보통 아이들과는 다른 세계를 보고 있다. 똑같이 현미경을 들여다볼 때, 고도 지능아140 이상들은 마치 전자현미경을 들여다보는 것과 같다. 다른 아이들이 전혀 보지 못하는, 그래서 상상하기 힘든 것들을 본다.

　간단한 예를 들어보겠다. 초등학교 2학년 교실에서 선생님이 "1, 2, 3, 4, 5, 6, 7 가운데 2로 나누어지는 수는 무엇이죠?"라고 묻자, 한 아이가 "모두 나누어집니다"라고 대답했다. 아이가 분수 개념을 알고 있다면 대답은 타당한 것이다. 오히려 선생님이 잘못된 문제를 낸 꼴이 된다.

　영재들의 생각과 경험은 주변에서 일어나는 것들에 비해 훨씬 비범하다. 때로 아주 중요하고 흥미로운 것일 수도 있다. 그래서 많은 영재가 학령기 전부터 가상의 친구를 만들기도 한다. 이런 아이들은 태어날 때부터 영재였기 때문에 세상 사람들도 자기처럼 생각하고 자기가 보는 것을 본다고 믿는다. 그런데 세상 사람들이 전혀 다른 관점을 갖고 있다는 것을 알고 매우 놀라고 당황한다. 세상 사람들이 자기처럼 호기심이 강하지도 않고, 어떤 일에 흥미와 관심이 없는 것을 이상하게 생각한다.

 영재들은 실험 정신이 투철한 편으로, 간혹 아주 엄청난 재난을 일으키기도 한다. 토머스 에디슨은 어린 시절, 발명품을 실험하기 위해 친구를 지붕에서 떨어지게 한 적이 있다. 아무리 관대한 에디슨의 어머니라도 그때만큼은 용서할 수가 없었다고 한다.
 영재의 실험 정신과 호기심은 식구들 사이에 문제를 일으키기도 한다. 아이의 별난 열정과 에너지가 참기 어려울 정도의 문제를 만드는 것이다. 보통의 부모들은 낮잠 시간을 정해 아이를 재우지만, 영재들은 대부분 잠도 아주 적은 편이다. 영재는 에너지가 매우 높은 편이어서 가끔 비정상적인 '과잉 행동 장애'로 오인돼 치료를 받기도 한다. 하지만 잘 관찰하면 그것이 비정상인지 영재성인지 쉽게 판별할 수 있다. 병적인 과잉 행동 장애라면 대개 집중하는 시간이 무척 짧다. 그런데 영재는 한 가지 과제에 상당히 오래 집중할 수 있다. 몇 시간을 한 가지 놀이만 하거나 종일 레고 블록 놀이를 하기도 한다. 병적인 반응은 상당히 불규칙적이고 오래 계속되는 반면, 영재는 나름대로 목적이나 목표가 있다.

 영재는 학교 교육이 무척 지루하다. 대개 아이의 수준에 맞지 않는다. 학습 활동에 강제로 몰아세우면 영재들은 더욱 참기 어렵다. 어떤 아이가 등교 시간보다 한 시간 반이나 일찍 오곤 했다. '너무 바빠지기 전에 자기 혼자 정리할 것이 있다'는 게 이유였다. 그러나 담임 선생님은 너무 일찍 등교한다고 야단쳤다. 학교는 영재에게 실망을 주고 의지를 꺾어버린 셈이다.

어떤 학자는 영재에게 초등학교 수업 중 반 정도는 쓸데없는 시간이라고 주장한다. 고도 지능아140 이상의 경우는 대부분이 할 일 없는 시간이라고 한다. 이 아이들은 무언가 다른 바쁜 일거리를 만들거나 딴짓을 한다. 학년이 올라갈수록 수업에서 점점 멀어진다. 물론 학교가 그런 것을 허용한다면 그렇다.

영재들은 수업에 흥미를 잃고 무언가 다른 재밋거리를 만들어서 그 일에 몰두한다. 여러 가지 시간 죽이기 방법을 만든다. 여섯 살짜리 아이는 교과서 너머로 백일몽을 꾸면서, "머릿속에서 놀아요"라고 말한다. 여덟 살이 되자 이 아이는 선생님의 말에 집중하고자, 선생님이 말하는 단어들을 이진수로 계산하는 게임을 개발했다. 어떤 아이는 혀로 자기 이빨을 헤아리는 장난을 하고, 어떤 아이는 단어 철자를 거꾸로 쓰는 훈련을 한다. 교사의 관점에서 보면, 전체 교육을 하는 데 영재는 골칫덩어리가 될 수 있다. 영재라는 것이 과연 있는지 의심하는 교사도 적지 않다. 이런 교사가 영재를 맡게 되면 문제는 심각해진다. 반대로 영재의 재능을 인정하고 아이를 좋아하는 교사라도 수업 시간에 영재를 배려할 여유는 많지 않다.

어른들은 영재를 판별하지 못하는 일이 있지만, 영재는 다른 영재를 아주 어릴 때부터 쉽게 구별한다. 이런 아이들은 서로 이끌리게 되어 있다. 그러나 많은 경우, 주변에 비슷한 지적 능력을 지닌 아이를 만나기가 쉽지 않다. 특히 경제적으로 어려운 지역이라면 더욱 그럴 수 있다. 영재는 스스로 다른 사람들과 다르다는 것을 안다. 비록 입학 전이라도 이런 경우 외로움을 느낀다. 불행히도 이런 아이들은 자기가 다른 아이들과 왜 다른지 이해하지 못하며, 점차 자신이 문제아라는 생각에 빠져든다.

영재를 위한 또래 친구는?

영재들은 또래와 어울리는 것이 특히 어렵다. 영재가 갖는 흥미, 지적 성숙도, 놀이 활동은 또래보다 훨씬 복잡하다. 영재는 또래보다 훨씬 먼저 여러 가지 사상과 문제들에 눈을 떠, 새로운 지식과 도전에 적극적이다. 또래 아이들은 코미디언이 텔레비전 쇼에 나와서 코로 피아노를 치는 것을 재미있게 보는데, 영재는 명장이 협연하는 베토벤 피아노 협주곡을 듣고 싶어 한다. 아이가 아이답지 않게 느껴지고, 겉멋이 들어 있다는 오해를 받기 쉽다.

뛰어난 지적 능력과 이해력에 비해 다른 발달 요소들은 아주 느리게 나타난다. 따라서 영재는 여러 가지 다른 친구가 필요하다. 어떤 친구는 운동 친구, 어떤 친구는 머리를 쓰는 놀이에 어울리는 친구, 또 다른 친구는 정서적으로 교감하는 상대가 돼야 한다.

영재는 서너 살부터 또래와 어울리기 힘들어진다. 흥미와 지식은 많아도 영재가 직접 할 수 없는 일이 많다. 그런 의미에서 자신도 힘든 점이 있다. 예를 들어, 예술적·미적 감각은 뛰어나지만, 붓이나 가위를 정교하게 조절하지 못하기 때문에 자기가 원하는 대로 마음껏 할 수 없다고 화를 낸다. 머리로 하는 것과 손으로 할 수 있는 것 사이에 커다란 차이가 있다. 참으로 절망스러운 느낌이다. 자신이 상상하는 것을 실제로 표현할 수 없다는 절망감이 오래가면 아예 무언가 시도하는 것을 포기하는 습관이 들 수도 있다.

때로 영재는 관심 있는 한 가지에 지나치게 집중한다. 거의 환상에 빠지는 지경에 이르기도 한다. 왜 사람들이 공룡이나 바이올린 혹은 쿼크 이론 소립자에 대한 물리학의 한 분야에 흥미를 갖지 않는지 이해할 수가 없다. 영재는 종종 관심 분야가 이 분야에서 저 분야로 널뛰곤 한다. 특히 어릴수록 그렇다. 다른 사람들이 보기에는 '변덕'이나 '주의 산만'으로 보인다. 영재는 온갖 것에 관심이 있고, 흥미를 느끼는 대상도 자주 바뀌지만, 그때마다 집중도는 아주 높다.

아이는 기질에 따라 관심 분야에 깊이 파고들기도 하고, 금세 흥미를 잃기도 한다. 그리고 학교나 가정에서 그런 관심에 어떻게 대응하느냐에 따라 달라진다. 아이가 호기심을 갖고 묻는 말을 친절히 받아주면, 다소 산만하더라도 폭이 넓어진다. 그리고 적당히 유도하면 차츰 관심이 한 가지로 집중될 수 있다. 그러나 귀찮아하고 불친절하게 대하면 아이는 움츠러든다. 점점 자신을 보호하기 위해 남에게 공격받지 않을 능력만 개발할 수 있다.

영재들 대부분은 놀라울 정도로 말을 일찍 배운다. 어휘력 발달이 너무 빨라서 또래들과 말이 통하지 않게 된다. 오히려 어른들이나 자기보다 나이 많은 사람들과 대화하는 것을 편하게 느낀다. 처음에는 그런 관계에 만족하고 부모들도 자랑삼아 말한다. 그러나 이것은 또래 집단과 멀어지게 만드는 요인이 된다. 친구의 수가 줄어들고, 너무 '어른스러운 척하는 것'으로 보일 수 있다. 어른들과 친하다 보니 자칫 또래에게 마치 자기가 어른인 것처럼 말하고 행동할 수 있다. 그러다 결국 친구 사이에서 소외당할 수도 있다.

영재의 호기심과 단순 지식의 축적은 빠르지만, 사회적 판단력과 정서적 성숙은 그에 따르지 못한다. 예를 들어, 영재가 온갖 종교에 대한 지식을 섭렵하는 것은 좋다. 그러나 집에 초대한 손님에게 당신의 종교적 관점은 비논리적이라고 공격하면 문제가 된다. 어떤 것이 사회적으로 적절한 행동인지, 영재들은 판단하기 어렵다.

많은 사람이 지적 발달과 정서적 발달의 차이점을 모르거나 아예 생각하지 않는다. 대개의 어른은 아이가 지적 발달만큼 정서적으로도 성숙해 있을 것이라고 착각한다. 그래서 아이 또래의 행동을 기대하지 않고, 좀 더 성숙한 사람의 행동을 기대하는 잘못을 범한다. 그래서 아이 같은 행동에 당황하거나 격분하기도 한다. 영재는 다양한 형태의 모습을 보이기 때문에 사실 황당한 상황을 만들곤 한다. 때로 아이는 대단히 성숙해 보이고, 때로는 지극히 유치하다. 아침에는 〈동종 세포 증식의 유전자 변형〉이라는 다큐멘터리를 보다가, 저녁에는 내용이 유치한 만화영화를 보거나 인형 놀이를 한다. 핵전쟁을 주제로 수준 높은 토론을 하다가 조수석에 앉겠다고 동생과 싸우기도 한다.

부정적인 선입견을 버려라

일반적으로 사회는 영재 문제를 심각하게 고심하지 않지만, 영재에 무관심하지는 않다. 영재들의 여러 가지 기행은 형제자매, 또래 친구, 교사, 부모들에게 강한 반응을 일으킨다. 결국, 영재는 주위 시선을 의식해야 한다. 돌출 행동으로 행동의 제약을 받게 될 위험성이 크고, 그에 따른 비판의 말도 많이 들을 것이다. 간혹 영재에게 부정적인 말들이 거의 질책처럼 쏟아지곤 한다. 이런 질책에 담겨 있는 메시지는 '너 같은 아이는 다른 사람들처럼 되도록 훈련받아야 한다'는 것이다.

영재를 향한 부정적인 말들에는 '우리처럼 행동하지 않기 때문에 나쁘다'는 의미가 들어 있다. 단어 자체는 긍정적일지도 모른다. 단지 그런 말을 전달하는 느낌이 그다지 우호적이지 않다는 데 문제가 있다. 불행히도 많은 어른이 영재는 버릇을 잡아야 한다고 생각한다. 그래서 때로는 영재의 능력을 공개적으로 비난하기도 하고, 아이가 영재란 것이 오히려 문젯거리라고 비꼬기도 한다. 영재성이 자산이 아닌 부채로 전락하는 셈이다. 이런 어른들 때문에 아이가 불안을 느끼고, 정서적 퇴행, 스트레스 가중, 불안정, 감정 조절 능력의 위축을 겪는다.

영재가 자주 듣는 부정적인 표현

- 남들과 다르다.
- 자기중심적이다.
- 지식을 과시한다.
- 말썽꾸러기다.
- 행동 과잉이다.
- 옹고집이다.
- 교활하다.
- 공격적이다.
- 괴팍하다.
- 반사회적이다.
- 자만심이 강하다.
- 버릇이 없다.
- 도전적이다.
- 건방지다.
- 존경심이 없다.
- 항상 의문을 제기한다.
- 궤도를 벗어나 있다.
- 규율을 모른다.
- 남을 의식하지 않는다.
- 기존 방식을 거부한다.

정서적으로 민감하다

영재는 민감한 안테나를 지닌 것처럼 정서적으로 아주 예민하다. 사람들과의 관계뿐 아니라 자신에 대해서도 그렇다. 일상적인 사건에 대한 반응도 남다르다. 가을 단풍에도 감수성을 보이며, 베토벤 교향곡을 처음 듣고 눈물을 흘린다. 강물에 드리운 무지갯빛에 넋을 잃기도 한다. 어떤 사건에 숨은 의미를 깨닫기도 하고, 전혀 관계없어 보이는 두 사건의 연관성을 알아차리기도 한다. 그리고 다른 사람들이 그런 것에 둔감하다는 사실에 큰 충격을 받기도 한다.

믿기 어려운 사실이지만, 영재는 아주 어린 나이에도 신체 언어보디랭귀지를 이해하며, 목소리만 듣고도 사람들의 감정을 읽을 수 있다. 즉 단어의 의미는 몰라도 그 안에 담긴 감정을 읽을 수 있다. 영재들이 이렇게 정서적으로 과민해지는 일이 잦기 때문에 부모는 힘들어한다. 아주 사소한 농담이나 비꼬는 말에도 아이가 큰 상처를 입기도 하고, 다른 아이의 상황에 지나치게 감정이입을 해 당사자보다 더 힘들어하기도 한다.

영재들도 다른 아이들과 마찬가지로 사람들에게 호감을 얻고 싶어 한다. 주변 사람들이 수용하고, 인정하기를 원한다. 자신의 장점을 발휘해 도움을 주고 칭찬받고 싶어 한다. 좋은 학업 성적이나 경연 대회 우승 등은 영재의 뚜렷한 장점이 되기 쉽다. 계속해서 이런 성취를 통해 인정받고자 하는 경향이 생긴다. 부모들이 이런 성취에 주목하고 강조함으로써 영재들은 완벽주의에 빠질 수 있다. 일단 완벽주의에 빠지면, 다른 사람들이 강요하지 않아도 스스로 완벽한 결과에 집착한다. 지나치게 높은 목표를 설정하고, 목표를 달성하기 위해 안달한다. 훈련과 시간이 필요한데도 결과를 즉시 얻지 못하면 스스로 실패했다고 생각한다.

　가족들은 영재가 뛰어난 지적 능력을 보이거나 성취를 이루면 상을 주는 규칙을 만드는 경우가 많다. 이는 아이의 재능을 소모적으로 만들기도 한다. 아저씨, 아줌마, 할아버지가 오면 "애야 이리 오렴" 하고는 수학 문제를 풀게 하거나 어려운 단어 풀이를 하거나 피아노 연주를 하게 한다. 부모가 원하는 결과를 보여주지 못하면 영재는 바보가 된 것처럼 느낀다. 오직 자신의 가치는 머리 좋은 것으로만 평가된다는 고정 관념에 빠질 수 있다. 이런 아이는 어떤 능력을 보여주거나 자기에게 무언가를 가르쳐줄 수 있는 상대와 같이 있지 않으면 시간을 낭비한다고 느낀다.

　아이의 영재성을 자랑하고 싶은 마음을 참을 수 있는 부모라도 '아이가 가진 최고의 가치 혹은 유일한 가치는 영재성'이라는 메시지를 은근히 강조한다. 그런 마음을 억제하기는 현실적으로 어렵다. 일반적으로 '우리 아이는 영재이기 때문에' 일상적인 과제를 해야 할 필요가 없다고 생각한다. 우리는 이런 것을 '프리마돈나^{역주 : 항상 특별 대우를 받아야 하는 오페라의 여주인공 프리마돈나와 같다는 의미} 신드롬'이라고 한다.

　영재들은 지적 재능이라는 한 가지 특성에 지나치게 매달리기 쉽다. 하지만 한 가지 특성에 모든 것이 쏠려버리는 일은 여간 조심스러운 것이 아니다. 유명한 만화 〈피너츠〉의 라이너스는 이렇게 말한다. "위대한 잠재력이 있다는 것만큼 부담스러운 일은 없어." 잠재력이 있고 완벽주의에 빠지면 아이에게 큰 짐이 된다.

영재들은 섬세한 감수성뿐 아니라, 활발한 상상력을 갖는다. 다른 사람들이 아주 조심스럽게 거절의 뜻이나 태도를 보여도 영재는 그 의미를 너무도 또렷하게 받아들이기 때문에 상처를 입는다. 그 사람이 자기를 싫어한다거나 최소한 좋아하지 않는 것으로 인식하고 걱정한다. 별것 아닌 것에 지나치게 의미를 둘 뿐 아니라 아예 결론을 내리고 만다. 따라서 다른 사람들의 생각이나 의도를 원래 대로 해석하는 방법, 지나친 해석이 아닌지 다시 한 번 생각하는 훈련을 해야 한다.

사춘기 아이들은 또래 집단의 소속감과 호감이 무엇보다 중요하다. 영재들은 그런 소속감을 얻기 위해 자신이 가진 재능을 숨기고 '시스템'에 편입하려 한다. 이 시기 아이들이라면 영재든 아니든 또래 집단의 소속감이 너무도 중요하다. 심지어 일부러 숙제를 안 하기도 한다. 학업 성적이 떨어지기 시작하는 것도 이런 문제와 연관이 있다.

또래 집단과의 관계에서 어려움을 느끼는 영재 중 일부러 결석하는 아이들도 있다. 그러면서 또래 친구들이 무슨 일인지 궁금해서 자신을 찾기를 바란다. 친구를 만들고 싶지만 계속 거부당하는 것보다는 차라리 친구를 만들지 않는 것이 더 나을 수 있다고 생각하기도 한다. 그러나 영재나 그 가족들이 꼭 알아야 할 것이 있다. 혼자 있는 것이 영재에게 하나의 심리적 피난처가 될 수 있지만, 모든 인간은 관계를 필요로 한다는 사실이다. 혼자 있는 것이 때로 필요하긴 하지만, 어떤 때는 그것이 피난처라기보다는 감옥이 될 수 있다. 아이가 사회성이 부족하거나 소외감을 느끼고 있다면 더욱 그렇다.

역설적이지만, 부모나 주변 사람들이 아이에게 친구들과 잘 어울리도록 압력을 가할수록 아이가 외톨이가 될 위험은 더욱 커진다. 영재들은 관심 있는 것을 필요한 수준까지 익히고 싶을 때가 있다. 그런 경우 다른 사람들과 떨어져 있을 필요가 있다는 것을 본능적으로 느낀다. 창조적인 사람들은 이따금 창조적 에너지를 충전하기 위해 혼자 있는 시간이 필요하다. 영재들 스스로 친구가 필요하다는 것을 알고 있다. 하지만 다른 사람들이 의도적으로 친구와 어울리도록 강제한다고 느끼면 강하게 반발한다. 여기서 부모들의 균형 잡힌 태도가 필요하다. 아이들이 의미 있는 친구 관계를 만들고, 다른 사람들과도 잘 지낼 수 있도록 도와주는 동시에 필요로 할 때는 혼자 있을 수 있도록 보호해야 한다. 다른 문제도 마찬가지지만, 우선순위를 잘 정해서 한

쪽으로 치우치지 않도록 해야 한다. 어떤 부모는 아이가 무언가 방해받지 않고 골몰해야 한다고 생각되면, 큰 글씨로 '생각하는 사람'이라고 쓴 종이를 목에 걸어준다고 한다. 이것도 아주 좋은 방법이 될 수 있다.

전통에 순응하지 않는다

저학년 때부터 영재는 주변 세상에 불만하기 시작한다. 규칙과 관습, 전통에 여러 가지 의문을 제기하기 시작한다. 이런 의문 제기 혹은 의도적인 전통 깨뜨리기가 가족, 선생님, 주변 사람들을 아주 불편하게 만들 수 있다. 민망하고, 불편하고, 생활방식에 대한 도전과 침해로 받아들인다.

영재들은 대개 논리적이고 합리적인 것을 좋아한다. 하지만 많은 전통, 관습, 규칙, 제한 사항이 반드시 논리적이지만은 않다. 비합리적일 수도 있고, 과거에 그렇게 했기 때문에 그대로 정해진 것일 수도 있다. 즉 반드시 그렇게 해야만 할 이유가 없다는 의미다. 영재들은 대개 이런 것을 거부한다. 결과적으로 영재들은 전통을 깨뜨리고 전통적 가치에 의문을 제기하고 다른 사람들과 갈등을 일으킨다. 영재는 반항적이고, 무언가 끊임없이 허점을 찾아내기 위해 애쓴다. 또래 아이들조차 영재의 그런 태도를 불편하고 위험하고 이상하게 느낀다.

영재는 성장할수록 사회의 일상적인 요소들을 견디기가 점점 더 어려워진다. 영재들은 일관성 있는 원칙을 추구하는 경향이 있다. 하지만 사회에는 여러 가치 논리적 모순, 불일치, 예외가 있기 마련이다. '눈 가리고 아웅'하는 관행이 사회적으로 필요한 것인지 모르지만, 영재의 눈에는 위선으로 보인다. 영재들은 어려서부터 성인들의 결점과 허점을 꿰뚫어 본다. 영재들은 어른들이 왜 그렇게 유치할까, 의아하게 생각한다. 다 큰 어른들이 명백하게 보이는 문제들을 하나도 해결하지 못한 채, 그대로 있는 것을 이해할 수가 없다. 이해가 어려운 지경을 떠나 일종의 좌절감을 맛본다. 나아가 나이 든 사람들이 지나치게 많은 권한을 휘두른다고 생각한다. 좌절된 이상주의는 결국 냉소주의 형태를 보이게 된다.

좌절감과 이질감 속에서 영재는 어떤 식으로든 반항적인 성격을 갖게 된다. 영재가 어린 경우에는 이런 반항이 수동적인 수준에 머무른다. 그러나 10대에 이르면 좀 더 노골적이고 공격적인 양상을 띠게 된다. 학교, 가정, 사회에서 비행을 저지르는 단계로 발전할 수도 있다. 자칫 학교생활에서 낙오하고 가족들과 불화하고 전통적인 사회로부터 버림받게 된다.

많은 영재가 5~7세쯤 윤리적, 사회적, 인류애적, 종교적 고민을 하기 시작한다. 가까이 있는 어른들은 이런 아이들의 고민에 당황한다. 어른들이 보기에 이렇게 어린아이가 세계 평화나 사회적 불평등을 고민하는 것이 과연 진지한 것인지 의심할 수밖에 없다. 흔히 어른들은 이런 아이들의 고민을 당치도 않은 것으로 보거나, 일시적인 성장 과정의 한 단계로 치부한다. 하지만 일반 성인 집단에서보다 초등학교 영재 집단에서 이런 세계 평화에 관심을 두고 고민하는 사람의 비율이 높다.

앞에서도 언급한 바와 같이, 어린 영재들의 고민은 지적 요소와 정서적 요소의 불균형에 있다. 이런 윤리적 문제에 대한 지적 이해는 쉽지만, 정서적으로는 감당하기 힘들다. 이런 영재들은 지적으로는 어른들도 힘들어하는 보다 큰 문제들을 떠안을 만한데, 인간 세계가 가진 모순을 수용할 만한 정서는 아직 수립돼 있지 않다. 영재가 이런 것들을 익혀나가려면 많은 시간이 필요하다. 균형 있게 발전할 수 있도록 인내를 가지고 기다려야 한다.

영재의
고통을 이해해라

영재들은 가족이나 교사에게 모순된 두 가지 메시지를 듣는다. 한편에선 영재의 특별한 지적 능력을 인정하고, 높이 평가해

상을 주기도 한다. 다른 한편에선 아이를 일반적인 기준에 끼워 맞추려 들고, 지적 능력이 사람의 가치를 무조건 높이는 것은 아니라며 자랑해선 안 된다고 가르친다.

이런 복잡한 사정 때문에 어떤 학자는 '최적 지능지수'라는 개념을 만들었다. IQ 125~145 사이 아이들은 일반적인 아이들보다 과제를 처리하는 데 매우 빠른 편이지만, 그 차이가 그다지 크지 않아서 또래와 어울리는 데 문제가 없다. 따라서 또래 집단이나 공동체에 소속감을 느끼는 데 아무런 문제가 없다. 아마도 이런 '최적 지능지수'를 갖춘 아이들이 성장해 사회의 지도층을 이루는 것으로 보인다. 하지만 그 이상의 지능을 가진 영재들은 아주 어린 나이에 일반 사회로부터 수용되지 못하는 위치로 밀려나버리곤 한다.

어리석은 일을 기꺼이 견뎌야 한다

영재들은 소외되고, 세상과는 다른 관점과 가치를 갖는다고 느낀다. 특히 IQ 160이 넘는 고도 지능아의 경우는 이런 면이 큰 문제가 된다. 자신을 둘러싼 환경이 비합리적이며, 자신에게 권위를 행사하는 사람들이 자신보다 판단과 사고가 느리고 어리석은 행동을 한다고 느낀다. 자신은 그들보다 빨리, 아주 타당한 해결책을 제시할 수 있다고 생각한다. 영재의 눈에는 이 세상이 때때로 지극히 무능한 어른들 손에 맡겨져 있는 것으로 보이는 것이다. 그건 아이에게 대단히 놀라운 일이다.

영재는 자신의 존재 가치에 대해서, 그리고 자신보다 지적 능력이 훨씬 떨어지는 다른 사람들의 가치에 대해서, 심각한 회의에 빠질 수 있다. 슬픔, 분노, 절망, 불안 같은 감정들이 아이를 짓누른다. 영재에게는 도무지 어울리지 않는 이 세상에서의 삶이 과연 가치가 있는 것인지 의심한다. 세상은 낡고 평범하고 구태의연한 것, 단세포적인 사고방식으로 가득 차 있다. 아주 간단한 해결책이 있음에도 한번 해보지도 않고 있다. 너무나도 이기적인 욕심에 사로잡힌 사람들이 서로의 발목을 잡고 있지 않은가? 영재는 자신이 특별한 능력을 타고났기 때문에 결국 자신이 모순과 무능함에 가득 찬 이 세상을 바로잡아야 한다는 엄청난 책임감에 압도된다.

다른 사람들이 따라올 수 있도록 기다린다

영재가 우선 배워야 하는 것은 다른 사람들이 자신의 사고 속도를 따라잡을 수 있도록 기다려주는 법이다. 최근에 만난 한 여성은 "자신의 삶은 기다리고 기다리는 끝없는 기다림의 연속"이라고 말했다. 그녀는 초등학교 때 한눈에 보이는 문제의 답을 친구들이 찾을 때까지 기다려야 했다. 고등학교에 들어가면 조금 다를 것으로 생각했지만 기다려야 하는 상황은 마찬가지였다. 그러다 진짜 어른이 되면 달라질 것이라 생각했다. 그녀는 학교를 중퇴하고 전문직 남성과 결혼한 뒤, 몇몇 특별한 사람들 하고만 교류하고 있다. 지금은 그다지 많이 기다리지 않아도 되는 상황이지만 자기 생각을 많이 노출하지 않으려 조심하고 있다. 자기 생각을 사람들이 제대로 수용하지 못할 것이 두렵기 때문이다.

영재들은 자신들의 생이 기다림으로 점철돼 있다고 생각한다. 다른 사람들 때문에 자신의 시간을 소모한다는 피해 의식도 갖는다. 어찌 되었든 영재들은 기다림을 배워야만 하고, 바보 같은 일들을 기꺼이 견뎌야 한다. 영재들에게 평생 필요한 기술이 될 것이다. 평범한 사람이 IQ 50~60 정도의 발달지체아들만 있는 세상에서 살아야 한다고 상상해보라. 다른 출구는 없다면 어떨 것인가? 세상의 모든 것들이 허점투성이고, 평범하기 짝이 없다면? 아마도 답답한 세상에서 살아남기 위한 법을 배우기 위해 고통받을 것이다. 무언가 스스로 만족하고 즐거워하는 법을 깨우쳐야 할 것이다. 하지만 실제로는 분노하고 좌절하고 세상을 등지고 비참한 심정에 빠져버리고 말 것이다. 그러다 이런 생이 과연 가치가 있는지 심각한 결정을 해야 할 상황에 빠질지도 모른다.

만족의 열쇠는 궁극적으로는 태도의 문제다. 즉 세상을 보는 방법의 문제가 된다. 영재에게 애정 어린 보살핌이 있다면, 이 아이는 기다림을 하나의 기회로 만들 수도 있다. 이런 시간들을 창조적으로 채워나갈 수 있을 것이다. 남보다 훨씬 상세한 관찰을 할 수도 있을 것이고, 단시간 내에 엄청난 독서량을 유지하기도 할 것이다. 스스로 선택한 흥미로운 주제를 깊이 파고들기도 하고, 이해하고 습득한 지식을 공유할 수도 있을 것이다. 애정 어린 양육과 지도를 받으면, 영재는 모든 사람이 가치 있다는 사실을 스스로 깨닫는다. 지능 못지않게 중요한 특성이 있다는 것도 인지한다.

영재를 위한 해결책은?

어떻게 하면 영재가 관용하고 수용하는 능력을 갖추도록 도울 수 있을까? 높은 지능을 가졌다는 것은 가치 있는 일이지만, 다른 사람들과 편안한 관계를 맺는 일도 중요하다. 지적으로 뛰어나지만, 인간관계를 맺는 데 실패해 비참함 속에 산다면 무슨 의미가 있겠는가? 우리는 역사를 통해 지적으로 우수하지만, 정서적으로 불안정한 지도자가 한 나라 혹은 세상을 엄청난 불행으로 몰아간 사례를 알고 있다.

우리는 영재가 자기 자신을 제대로 이해할 수 있도록 도와주어야 한다. 긍정적인 자아를 성립하고, 스트레스를 극복하는 방법을 익히도록 해야 한다. 영재와 그 가족들은 특정한 스트레스를 겪게 될 가능성이 큰데, 그렇다고 해서 모든 영재가 정서적인 문제를 갖고 있다는 뜻은 아니다. 부모, 교사, 그 밖의 많은 어른이 이런 문제를 제대로 인식하고, 도와준다면 정서적 문제를 예방할 수 있다. 어른들이 알아야 할 것은 영재들은 훨씬 이른 나이에 정서적 갈등과 스트레스를 느낀다는 것이다. 제대로 지도하면 아주 어리더라도 스트레스를 해결하는 방법도 쉽게 배운다. 스트레스는 잠재적으로는 아이의 정서에 아주 큰 해악을 일으킬 수 있으니 서둘러 대비책을 마련하는 것이 중요하다.

지적 자극보다 정서 발달이 중요하다

영재에게 있어 무엇보다 중요한 것은 지적 자극이 아니라 정서적인 발달을 도와주어야 한다는 점이다. 아이들이 자신의 감정을 제대로 이해하고, 감정 구별 방법을 익히고 그것을 바탕으로 정서적으로 성장하게 도와야 한다.

아이들은 자신의 감정을 자연스럽고 적절하게만 표현한다면 다른 사람들도 수용할 수 있다는 것을 깨달아야 한다. 그런 깨달음 없이는 긍정적인 자아의식을 만들기 어렵다. 영재들은 여러 가지 감정을 느끼고 경험할 필요가 있다. 감정은 그것 자체로 옳다거나 잘못되었다고 할 수 없지만, 그것을 표현하는 행동이나 방식에는 부적절한 것이 있음을 알아야 한다. 중요한 것은 일정한 한계가 있어야 한다는 것이다. 이런 형태와 일정한 한계선을 일컬어 '사회화'라고 한다.

  영재와 감정에 대해 말할 때는 특별한 주의가 필요하다. 감정 처리 언급 자체를 영재가 매우 예민하게 받아들이기 때문이다. 매우 객관적이고 우호적인 분위기에서 조심스럽게 논의해야 한다. 사실관계 확인이 필요하고, 우리가 알고 있는 것과 경험을 통해 배울 수 있는 것이 무엇인지 확실히 해야 한다. 개인적인 편견이나 주관적인 판단이 개입하지 않도록 주의하고, 다소 민감한 정서 문제는 피할 필요가 있다.

  감정은 전혀 논리적이지 않은 특성이 있지만, 인생을 살아가는 데 매우 강력한 영향을 준다는 점을 이해해야 한다. 영재도 다른 사람과 마찬가지로 자신의 감정을 잘 인식하고, 적절하게 표현하고, 사람들의 감정을 이해하는 법을 배워야 한다. 그것도 남들보다는 좀 더 빠른 시기에 익혀야 한다.

  이런 정서적 훈련이 되어 있지 않은 상태에서 영재는 온갖 부정적인 메시지, 거부, 비판에 노출된다. 다른 사람들의 감정을 제대로 읽고 배워야 할 필요성을 느끼지 못할 수도 있다. 영재가 보기에 감정이란 원래 비논리적이고, 세상은 원래부터 비우호적이기 때문에 그런 것은 불필요하다는 결론을 내릴 수 있다. 그래서 영재들은 집에서건 학교에서건 의견을 말하거나 불만을 표시하는 것을 아예 포기하는 습관을 갖기도 한다. 자신의 반응을 우호적으로 수용하고 같이 걱정하는 사람이 없는 환경에서는 누구나 그렇게 될 것이다. 영재들이 잠재력보다 몇 년 뒤떨어진 학습 능력을 보인다는 연구 결과가 있는데, 이는 이러한 정서적 의기소침과 관련이 있다.

긍정적 자아 형성을 유도한다

영재 부모와 교사들은 일정 단계를 통해 영재의 정서 개발을 도와줄 수 있다. 긍정적인 동기 유발, 바람직한 행동 방식 유도와 격려, 밝고 환한 자아의식의 개발 등이 그것이다. 자기 부정적이고 동기 유발이 전혀 되지 않은 영재라고 하더라도, 지금을 새로운 출발점으로 삼아 긍정적인 자아 형성을 유도해야 한다. 처음부터 지나치게 높은 목표를 설정하면 대개 실패한다. 아이가 이런 자아 개발에 실패하게 되면, 그때부터는 부모나 교사가 어떤 시도를 하더라도 협력하지 않고 전혀 흥미를 보이지 않는다. 처음 목표는 되도록 소박하고 작고 쉬운 것으로 해야 한다. 처음에는 영재보다는 부모나 교사가 유연하게 대처해야 할 것이다.

제일 먼저 왜 영재가 냉소적인 태도로 부정적인 행동을 하는지 이해해야 한다. 중요한 점은 일단 마음을 닫은 영재가 동기 유발의 가능성을 보이기 시작할 때까지는 시간이 걸린다는 사실이다. 적어도 부모나 교사가 원하는 쪽으로 동기 유발되려면 일정한 시간과 노력이 필요하다. 개선 결과가 지극히 사소한 것이라도 스스로 실행하기까지는 많은 인내가 필요하다. 부모나 교사가 끝없이 격려하며 아이가 원하는 방향으로 움직일 때까지 기다려야 한다. 일반적으로 영재들은 남들이 원하는 일에 흥미를 보이지 않고, 자기가 하고 싶은 것을 할 때만 아주 강력하게 동기 유발이 된다. 자기가 좋아하는 일에만 광적으로 열성을 보인다.

자발적으로 동기를 부여하도록 한다

아이 스스로 동기 유발할 수 있도록 이끄는 스승이 누가 될 수 있는지 알아야 한다. 그런 다음, 동기 유발하는 힘을 갖도록 유도해야 한다. 이것이 가능해지면 스스로 목표를 정할 수 있고, 자신을 믿게 된다.

영재가 자기 자신을 편하고 만족스럽게 생각하면, 세상 속 자신의 위치에 대해서도 만족한다. 너그러워지고, 자기보다 지적으로 우수하지 못한 사람들과 공감대를 형성하게 된다. 다른 사람의 눈으로 세상을 볼 수 있게 되면, 세상의 인식도 깨닫게 된다. 이런 인식의 폭이 넓어지면 좌절감을 겪게 되는 일도 줄어든다. 어떤 문제에 부딪혔을 때, 다른 사람의 처지에서 생각하기도 하고, 그들을 쉽게 '멍청이'라고 판단하지 않게 된다.

영재들은 스스로 훈련하고 인내하고 이해하는 법을 남들보다 빨리 배워야 한다. 역할극롤 플레잉이나 팀플레이협업 활동는 영재들에게 특히 효과적인 교육 방법이다. 아주 어린아이 때부터 다양한 활동을 하게 되면, 여러 가지 상황에서 남들이 갖는 태도와 감정, 가치를 깊이 있게 이해할 수 있게 된다.

종합해서 정리하면, 지능보다 중요한 것은 긍정적인 자아상을 갖는 일이다. 긍정적인 자아상이란 자신의 행동과 느낌이 가치 있다고 인식하는 것이며, 스스로 세상에 어울리는 사람이라고 느끼는 것이다. 영재 정서 개발의 목표는 영재가 사람들과 다른 특성이 있지만, 무언가 공유하고 있음을 느끼도록 하는 것이다. 영재도 기본적으로 인간적인 정서와 감정을 가지며, 어떤 집단에 대한 소속감, 자긍심이 필요하다. 그것은 모든 어린이에게 똑같이 필요한 것이며, 실제로 모든 사람에게 필요한 것이다. 단지 영재는 이런 것을 더욱 절실히 요구한다. 성서직 민족감을 강렬하게 요구하는 시기가 다른 아이들보다 훨씬 빠르다. 영재들도 어린아이라는 사실을 기억하고, 스스로 깨우치고 해결할 것이라는 기대를 버려야 한다. 더욱 특별한 지도와 도움이 필요하다.

차이에 대해 제대로 이해하는 것이다. 이는 영재뿐 아니라 영재를 돕고자 하는 우리에게도 중요한 일이다. 다른 무엇보다 인간의 개성은 소중하고 존중받아야 할 가치다. 하지만 우리 사회는 지나친 획일주의로 이중적인 태도를 보인다. 개인의 다양성을 무시하고 일정한 틀에 넣어 규격화시키려는 태도는 집단 문화에 뿌리를 두고 있다. 개인은 집단에 속한 소속원으로 이해되며 때에 따라 소속원은 기계 부품처럼 교체될 수도 있다고 생각하는 것이다.

영재 부모들은 매일 이런 이중성을 경험한다. 그런 의미에서 장애아의 부모들과 같은 처지다. 기셀^{역주 : 1911년 기셀 박사 팀이 어린아이의 행동발달에 관한 연구 결과를 발표한 이래, 유아 행동발달에 대한 고전이 되었다} 박사의 책을 읽은 한 어머니가 의문을 가졌다. 그녀는 5~6세 아이의 전형적인 행동을 자신의 두 살 반짜리 아기가 그대로 하는 것을 발견했다. 아이가 범상치 않다는 것을 알게 되었지만, 이 어머니가 할 수 있는 일이란 무엇일까? 여러 전문가에게 문의했지만, 반복적으로 듣게 되는 말은 다음과 같다. "어쨌든 아이는 아이입니다. 아이에게 영재성이 있다는 것은 그다음입니다." 그러나 아이에게서 지적 잠재력을 따로 떼어놓을 수는 없다. 지능이란 옷에 붙였다 뗐다 할 수 있는 장식이 아니므로 지능만 떼어놓으면 보통 아이들처럼 양육될 수 있는 것이 아니다.

영재는 그저 똑똑한 어린아이가 아니다. 이들에게는 실제로 근본적인 차이가 있다. IQ 145와 55의 아이가 다른 것처럼 평균적인 아이와는 다르다. IQ 55 아이를 둔 부모에게 전문가들이 "일단 아이는 아이다. 그저 어떤 이유로 지적장애가 되었을 뿐입니다"라고 조언하지 않는다. IQ 145의 아이는 지적 잠재력 때문에 다른 아이와 다르게 행동할 수밖에 없다. 그건 아이의 머리가 그렇게 만드는 것이다. 따라서 결코 이런 특성을 아이의 인격과 분리해 취급할 순 없다. 지수가 높은 아이일수록 이런 문제는 점점 더 커진다. 이 아이들은 보통 아이들과 분명히 다르다. 따라서 아이가 가진 다른 요소들과 연관 지어서 사회성, 대인 관계 능력, 자기 계발 능력에 특별히 신경 써야 한다.

'아이의 특성'과 '다른 아이들과의 비교' 사이에 확실한 균형이 이루어져야 한다. 부모는 아이를 일반적인 기준에 비교하기보다 아이의 인격 그 자체를 존중해야 한다. 부모가 먼저 아이의 존재를 인정하고 수용해야만 아이들도 자기를 수용할 수 있다.

우리는 혼자 동떨어져 사는 것이 아닌 만큼, 다른 사람들이 아이를 자꾸 비교하는 문제에 대응해야 한다. 그러나 비교가 문제의 중심이 돼선 안 된다. 우리는 마치 외줄 타기를 하는 사람과 같다. 지나치게 비교하고 차이점을 강조해도 안 되고, 어느 정도는 차이점에 적응해야 한다. 《영재로 사는 것이란 On being Gifted, 1978》에서 영재가 한 말이 인상적이다.

"영재로 산다는 것은 어느 주말 한번 경험하는 그런 가벼운 일이 아니다. 그건 평생 내내 모든 일에 영향을 주는 일이다. 하루 24시간, 1년 365일 계속되는 일이다. 미처 준비도 되기 전에 빨리 성숙해져야만 하는 일이다. 그렇지 않으면 모든 일이 틀어져버리고 인격이 갈가리 찢겨버릴 수도 있다."

영재 지도의 핵심은 여러 가지 기본적인 인성 요소들이 조화를 이루도록 하는 것이다. 그것이 좀 더 많은 사실과 지식을 습득하는 것보다 훨씬 중요하다. 이 과정을 통해 영재들은 이 세상에는 자기를 진정으로 이해하는 사람이 있다는 걸 알게 된다. 그런 사람은 '때때로 지능이 높다는 것이 큰 아픔이 될 수 있다'는 것을 알아주는 사람이다. 영재들은 이 과정에서 다른 사람들과 같은 세계관과 보편적인 가치관을 공유하는 법을 배우게 된다. 버나드 쇼는 이런 딜레마를 아는 사람이었던 것 같다.

"합리적인 사람이란, 자신을 변화시켜 주변 세계에 적응하는 사람이다. 비합리적인 사람이란, 세상이 변해 자기에게 적응하기를 기대하는 사람이다. 따라서 모든 발전은 비합리적인 사람이 이루어낸다."

그렇긴 하지만 영재는 합리적인 사람이 되는 법을 배워야 한다. 적어도 어떤 때는 합리적인 사람이 돼야 한다. 비합리적인 존재가 되는 순간이 어느 때인지 스스로 알고 있어야 한다. '비합리성'이 두 가지 의미를 지닌다는 것을 배워야 한다. 한 가지는 완전히 비합리적인 것이고, 다른 하나는 단지 다른 사람들 눈에 그렇게 보이는 것이다. 영재는 그 두 가지를 구분하는 것을 배워야만 한다. 주장을 고집할 때와 거둬야 할 때를 현명하게 판단할 수 있어야 한다. 타협하는 것도 알아야 하고, 동시에 타협을 단호히 거절할 수도 있어야 한다. 그만큼 스스로 강한 성격도 필요하다. 어려운 상황에서도 의연함을 잃지 않아야 한다. 그래서 영재에게 있어선 강한 자아상이 꼭 필요하다. 따라서 영재의 정서 발달 문제는 단순히 부모, 교사 혹은 교육 전문가들의 도움 외에도 사회적 관심이 필요하다.

기회의 순간을 가꾸어나가는 것, 기회가 왔을 때 제대로 포착하는 것이 인생에서 가장 멋진 기술이다.

— 새뮤얼 존슨

훌륭한 일을 하기 위해 특별한 환경을 기다리지 마라. 보통의 상황을 활용해라.

— 잔 폴 리히터

…

chapter 02
영재의 무한한 가능성에 주목하라

영재가 긍정적인 자아상을 확립하고, 창의력을 계발하려면 부모와 교사, 주위 사람들의 지원과 격려가 필요하다. 그들은 영재에게 훌륭한 모범을 보여, 영재들이 훌륭한 성인이 될 수 있게 도와야 한다. 영재들에게 효과적으로 도움을 줄 수 있는 사람들의 특징은 무엇일까?

폴 토렌스 Paul Torrance, 1981는 창의성 분야에 뛰어난 저술가로, 영재와 창의력이 뛰어난 아이들을 대상으로 많은 연구를 했다. 그는 영재들에게 가장 많은 영향을 준 사람이 누구인지 물었는데, 여기서 공통적인 특징을 발견할 수 있었다.

토렌스는 교사에 초점을 맞추어 연구했지만, 부모나 그 외 주변 인물들에게도 똑같은 역할을 기대할 수 있다. 아이를 인격 그 자체로 수용하고, 관심사와 흥미를 같이하고, 용기를 북돋워주면 아이는 건전한 자아상을 확립한다. 건전한 자아상이 확립되면 평생에 걸쳐 배우고 창조하는 데 목적을 둘 수 있다.

긍정적인 영향을 주는 사람은?

"다른 사람들과 적극적으로 활동하라고 자신감을 주었고, 내가 하는 대답이 어떻든 비웃지 않고 경청했습니다. 그분과 있으면 내가 능력 있는 사람이라고 느낄 수 있었습니다. 새로운 것을 막 배우려고 할 때도 그랬습니다."

"나를 이해하고 무슨 일이든 해낼 수 있다고 믿게 해주셨습니다. 그분과 같이 있을 때는 그런 마음을 언제까지고 공유할 수 있을 것 같았습니다. 그분은 가르치고자 하는 것을 확실히 이해하고 있었고, 가르치는 것 자체를 즐겼습니다. 그래서 나는 배움이란 정말 신나는 것이고 깨달음을 공유한다는 것은 참으로 좋은 것이라고 느꼈습니다."

"그분은 우리가 무언가에 애정을 갖도록 격려했습니다. 우리 중 몇몇은 이것이 가장 핵심적인 것이라고 느꼈습니다."

"그분은 한 사람마다 격려를 아끼지 않았고, 필요한 것이 무엇인지 개인적인 관심을 쏟아주었습니다. 내가 성공하고 나 자신을 좋아하는 것이 그분에게도 중요하다고 말했습니다."

> **영재에게 좋은 영향을 미친 사람들의 공통된 특징**
>
> - 스스로 믿는 것, 감정, 행동이 중요하다고 말한다.
> - 감정의 표현과 수용을 적극적으로 한다.
> - 감정을 정확히 이해하고 수용한다.
> - 인격을 존중한다는 점을 명확히 한다.
> - 독특한 특성을 중요하게 생각한다.
> - 때로 아이와 둘만의 특별한 시간을 만든다.
> - 성공이 아니라 시도하는 것을 격려하고 지원한다.
> - 생산적인 협력의 가치를 강조하고, 실천해 보여준다.

세상과 점점 멀어진다고 느끼는 아이들에게는 전폭적인 지지와 수용이 필요하다. 아이들은 약해진 자신을 재충전하는 곳, 자기를 이해하고 문제 해결을 도와주는 천국으로서의 가정이 필요하다. 그런 가정이 있다면, 아이들은 이상한 일들이 수없이 일어나도 세상을 수용할 수 있게 된다. 이런 세상에 동의하지는 않더라도 말이다.

가정이 그런 천국, 즉 재충전의 장소가 된다면, 적어도 한두 명의 교사나 이웃 어른이 영재의 자아상을 격려한다면, 아이들은 무럭무럭 자랄 수 있다. 잠재력을 발달시켜 자신과 사회를 위해 공헌할 수 있게 된다. 가정에서 지원하고 격려를 아끼지 않으면 아이는 앞으로 바깥세상에서 만나게 될 다양한 스트레스와 압력을 견딜 저항력을 갖는다.

저항력 또는 면역력이란 의학에서 말하는 것이지만, 정서적인 면에서도 똑같이 적용할 수 있다. 예를 들어, 한 사람의 성인이 아이에게 특별한 배려와 지원을 하면, 아이는 여러 명의 성인에게서 쏟아지는 부정적인 메시지를 이겨낼 수 있게 된다. 한 전문가는 비율로 볼 때, 6대 1은 된다고 주장한다. 교실 밖에서도 이런 비율은 그대로 적용된다. 한 사람에게 얻은 긍정적인 자아의식은 다른 곳에서 겪게 되는 악의적인 비평, 비난, 조롱으로부터 오는 스트레스를 이기는 힘을 준다.

부모의 면역력을 키워라

문제를 해결하는 가장 좋은 방법은 문제를 예방하는 것이고, 방어 대책을 미리 갖추는 것이다. 즉 해결 방법을 미리 만드는 것이다. 이미 문제가 일어났다면 면역력을 키우고 성장을 촉진하는 기회로 삼아야 한다. 우리는 이미 영재와 그 가족들은 일정한 형태의 스트레스나 심리적인 문제와 만날 가능성이 크다는 것을 알고 있다.

스트레스를 받는다고 해서 그것이 반드시 정서적인 문제를 일으키는 것은 아니다. 오히려 정서적인 힘을 키우고 미묘하고 복잡한 스트레스에 대한 면역력을 키우는 계기로 만들 수도 있다. 스트레스에 내성 혹은 관리 능력을 키우면 무언가를 창조하고 즐기기 위한 인내력을 갖게 된다. 영재가 자신에게 일어날 수 있는 스트레스들을 잘 견디고 대처하는 기술을 익히게 되면, 정서적으로 지적으로 풍부한 인격을 가질 수 있다. 그렇게 된다면 이런 인재들은 아주 멋지고, 창조적일 뿐만 아니라, 스스로 조화로운 인격으로 자라고, 다른 사람들과도 어울릴 줄 아는 사람이 될 수 있다.

영재에게 확실한 도움을 주고, 문제를 예방할 힘을 줄 수 있는 사람은 일단 부모다. 그럴 수밖에 없다. 특별한 교육 프로그램이나 학교는 정해진 시간 동안에만 도움을 주는 반면, 부모는 훨씬 오랜 시간 아이 주변에서 생활하기 때문이다. 영재들의 성격과 학업 성취도에 가장 큰 영향을 주는 요소는 영재 부모들의 행동이다. 이것은 여러 연구 결과에서 거듭 확인되었다. 정서적 발달은 유아기와 초등학교 입학 이전에 형성되기 시작하며, 인격의 주요한 요소들은 초등학교 입학하는 시기가 되면 이미 다 결정된다. 불행한 일이지만, 영재교육 프로그램이 8~9세 이전에 제공되는 일은 별로 없다. 프로그램이 있다고 하더라도 정서 개발에 초점을 맞춘 프로그램이 아니다. 따라서 학교생활 이전의 매우 중요한 시기에 아이에게 도움을 줄 수 있는 사람은 부모밖에 없다.

영재 부모를 위해 이 책의 저자들은 특별 학부모 프로그램을 개발했고, 그 내용을 하나의 책으로 묶었다. 더욱 많은 영재 부모들에게 도움을 주기 위해서다. 프로그램에 참여한 부모들은 정서 개발과 대인 관계에 대해 교사들_{심리학자들도 포함돼 있다}과 활발히 토론한다. 이런 집단 토론 내용은 상당히 실용적이다. 이론적인 내용은 별로 없다. 부모들에게 도움이 되는 아주 구체적이고 실용적인 것들이며, 태도와 행동 변화를 유도하는 기술들이다. 영재 부모들은 아주 그럴듯한 일반론과 최종 결과에 대해선 귀에 못이 박일 만큼 들었지만, 그런 결과를 얻기 위해 어떻게 해야 하는지에 대해서 듣고 알기를 원한다.

집단 토론은 몇 개의 주제를 가지고 연속적으로 이루어진다. 하나의 토론회에는 하나의 중심 주제가 정해지고, 그 주제에 초점을 두고 진행된다. 중심 주제는 다음의 열 가지다.

- 영재의 특성과 구별법
- 동기 유발
- 훈육
- 스트레스 관리
- 정서적 안정
- 친구 관계
- 형제자매 관계
- 관습 파괴
- 우울증
- 부모 역할

열 가지 주제는 실제로 영재와 그 가족이 겪는 현실적인 문제들이다. 토론에서 부모와 협력 교사들은 다양한 경험과 의견을 공유하며, 서로에게 조언과 격려를 아끼지 않았다. 물론 토론의 목적은 치료나 훈련이 아니었다. 통제하기 어렵고 힘든 일상의 문제에 초점을 두고 경험에서 우러나오는 조언을 듣는 것이 우리의 바람이었다.

한 사람이 이런 말을 했다. "세상에는 두 가지 종류의 사람이 있다. 한 종류는 문제를 가진 사람이고, 다른 한 종류는 문제를 갖고 있으면서도 아직 그 문제가 무엇인지 잘 모르는 사람이다." 우리는 삶이 문제투성이라는 것을 잘 알고 있다. 그러므로 어떻게 하면 문제를 예방할지, 또 어떻게 하면 문제를 극복할 수 있을지 의논하는 것이다. 그러다 보면, 건강하고 발전적인 방향으로 해결해나갈 수 있게 된다.

우리를 시작으로 다양한 곳에서 활발한 토론이 이루어지길 바란다. 그 시도만으로도 영재는 우리에게 한 걸음 다가올 것이다.

이미 문제가 진행돼 심각한 상황이 벌어지고 있다면, 전문가에게 도움을 요청해야 한다. 영재와 그 가족이 갖는 독특한 어려움을 제대로 이해하는 심리 상담가가 드물기는 하지만 찾도록 노력해야 한다. 토론도 마찬가지다. 자격을 갖춘 정신 건강 전문가가 그룹 지도를 맡아야 한다. 전문적인 관찰, 통제, 중재가 없으면 토론 프로그램이 자칫 그룹 치료 상담이나 성토대회로 변한다. 많은 토론 경험이 있는 능숙한 전문가가 토론의 진행을 유연하게 조정할 필요가 있다. 간단한 주제로부터 점차 복잡하고 미묘한 것까지 심화해나가려면 전문가 지도는 필수다. 토론이 핵심을 벗어날 때는 주제를 다시 일깨워주고, 아무리 좋은 생각이나 좋은 행동 양식도 강제로 할 수는 없다는 것을 강조해야 있다.

성급하게 해결하지 않는다

토론은 1~2주 간격으로 진행해야 참가자들이 각 주제에 관련된 여러 사항을 충분히 소화한다. 또 토론 과정에서 얻은 여러 행동 요령들을 시도할 기회가 있다.

이 책에서 정리된 여러 문제를 실생활에 적용하고자 한다면, 한 장씩 읽고 나서 생각할 시간을 갖기를 권한다. 그리고 생활에 적용해야 도움이 될 것이다. 또 한 가지 방법은 책 전체를 정독한 다음, 10개의 주제별로 다시 연구하는 것이다. 이 방법이 더 효과적일 것이다. 명심해야 할 것은 '한꺼번에 모든 문제를 해결하려 하지 말라'는 것이다. 한 가지를 택해 실천하고, 결과를 평가하고, 시도하기를 권한다.

열 가지 주제

책은 각 주제를 한 개의 장으로 구성했다. 이런 기본적인 내용 정리는 주제 내용을 이해하는 데 도움이 될 것이다. 많은 상식의 허실을 알게 될 것이고, 재평가하게 될 것이다. 많은 내용이 영재 부모들과의 토론 프로그램에서 제시된 것들이며, 1장에 수록된 기본 개념을 토대로 한 것이다. 강조를 위해 어떤 내용은 다시 한 번 설명할 것이다. 10개의 상 말미에는 자주 하는 질문과 답변을 달아 이해를 높였다.

여기서 다루는 주제들은 좋은 부모가 되기 위해서 갖춰야 할 기본이다. 영재 부모에게만 필요한 것이 아니다. 모든 어린이 양육에 필요한 기본적인 내용 안에 특별히 영재에게 필요한 내용이 일부 포함돼 있다고 생각하면 된다.

아이가 영재든 아니든, 좋은 부모 되기는 누구에게나 필요한 것이다. 그저 사랑하는 것만으론 부족하다. 부모로서 자신의 행동이 어떤 영향을 끼치는지 이해해야 한다. 다른 모든 아이처럼, 영재도 일정한 행동의 통제, 훈련, 훈육이 필요하다. 격려와 보살핌, 자극과 도전이 있어야 세상을 헤치고 나갈 힘을 얻는다. 자신의 행동에 따르는 결과를 경험하고, 또 새로운 것을 경험할 수 있는 자유를 얻는다. 반드시 그런 과정을 겪어야만, 아이는 일의 우선순위를 정하고 자신의 삶을 설계해나가는 책임 있는 성인으로 성장하게 된다. 어른들이 책임감을 느끼고 훈육하고 지도해야, 제대로 된 가치관, 인격, 윤리 의식, 사회적 책임 의식을 갖게 된다. 동시에 에너지를 재충전하고, 여가를 즐기고, 스트레스를 조절할 줄 알게 된다.

지능이란 합리적으로 사고하고, 자기가 처한 환경을 효과적으로 다루는 능력을 말한다.

— 데이비드 웩슬러

지능지수는 다른 어떤 심리학적 측정보다 인간 행동의 상호관계를 객관적으로 보여준다. 잠재력을 측정하는 데 있어 더 나은 평가 방법은 없다.

— 제롬 새틀러

지능지수를 지능으로 정의하는 것에 반대한다. 어떤 수치로도 다양한 유형의 인재들이 가진 모든 능력을 적절하게 측정할 수 없다.

— 루이스 터먼

최고의 지능 측정 방법은 머릿속에 상반된 두 가지 아이디어를 동시에 떠올리면서 제대로 사고할 수 있는지 보여주는 것이다.

— F. 스콧 피츠제럴드

chapter 03
영재의 특성과 구별법

지능은 한마디로 정의하기 어려운 개념이다. 많은 학자가 정확한 의미를 규명하고자 노력했지만, 성과는 요원하다. 대략의 합의만 이뤄졌을 뿐이다. 그러나 사람들 간에 지능의 차이가 있다는 것은 분명하고, 그중에는 대단히 뛰어난 지능을 가진 사람들도 있다. 또 특별한 분야에서만 놀라운 능력을 보이는 이들도 있다.

영재들 사이에도 지능의 차이가 있다. 오히려 영재들 사이의 격차가 더 큰 것으로 보인다. 하지만 영재들의 공통된 특성들이 있다.

> **영재의 전형적인 지적 특성**
>
> - 나이에 비해 훨씬 풍부한 어휘력
> - 다른 아이들보다 훨씬 빨리 배운 읽기 능력(학교도 들어가기 전에 배우는 경우가 많음)
> - 말의 섬세한 의미에 대한 훨씬 깊은 이해력
> - 특정 주제에 대한 훨씬 높은 집중력, 시간, 깊이, 지구력을 보임
> - 기본 기능을 익히는 데 적은 연습량으로도 훨씬 빠름
> - 광범위한 관심 영역
> - 호기심이 발달해 있으며, 끝없이 질문함
> - 실험에 재미를 느끼며, 똑같은 일을 다른 방식으로 해보기를 좋아함
> - 생각이나 사물을 통상적이고 쉬운 방법과는 다른 형태로 해보려는 경향
> - 탁월한 유머 감각

영재, 천재, 지능에 대한 논쟁은 앞으로도 끝없이 이루어질 것이다. 그런 논의와 토론은 계속 필요하고, 그것을 통해 우리는 우리 아이들의 지적 특성을 더욱 깊이 이해하게 될 것이다. 그러나 무작정 학자들의 토론이 끝나고 결론이 날 때까지 기다릴 수만은 없는 일이다.

지금까지 영재 판별은 교사들의 몫이었다. 대개 교실에서의 행동 특성 관찰이나 학업 성취도를 근거로 이루어졌다. 영재교육 프로그램에 참여하는 영재들 대부분이 교사 판단으로 등록

했다. 하지만 교사들의 판단에만 의존할 경우, 많은 영재가 발굴되지 않는다. 여러 가지 연구 결과에서 밝혀졌듯이, 개별적인 지능검사로 판별된 영재의 반 이상을 교사들은 영재로 평가하지 않았다. 반대로 교사들이 영재라고 판단한 아이 중 10%는 개별 검사 결과 영재가 아닌 것으로 나타났다. 고도 지능아의 경우도 약 25%를 교사들은 영재로 평가하지 못했다.

영재 판별을 위한 대안으로 집단 지필검사가 가장 많이 사용된다. 지필검사는 학과 성적 평가의 수단임에도 마치 지능검사와 동일시된다. 대략 상위 10%의 학과 성적을 얻는 학생들을 영재로 간주한다. 하지만 학과 성적은 몇 가지 이유로 지능 평가로서는 적절하지 않다. 첫째, 저학년 학생의 경우, 어떤 학생은 학과 성적에 대단한 의욕을 갖고 있다. 이런 경우를 '과잉 동기 유발'이라 부른다. 이런 경우 평균에서 약간 웃도는 지능을 가진 학생이 높은 학업 성적을 얻는 경우가 많다. 둘째, 많은 영재가 이런 형식의 학업 성취도 평가에 그다지 흥미를 보이지 않는다. 영재들은 뻔한 답보다 창조적인 답을 선호하기 때문에 학업 평가에서 불이익을 당할 수도 있다. 대부분의 지필검사가 언어적인 특성이 강하기 때문에 언어적 발달이 아직 미진하면 잠재력을 발휘할 수 없는 경우도 많다. 영재 중 학습 장애 요소를 가진 아이도 있으며, 성장 발달상 지체가 있는 예도 있다. 이런 경우 특정 학과나 영역에서 큰 기복을 보이고, 평균 성적은 그저 평범한 수준에 그칠 수 있다. 마지막으로 학과 시험은 대개 몇 가지 특성에 집중돼 있어서, 한두 가지에서 점수를 얻지 못하면 상위권에 들지 못하는 일이 흔하다.

학과 시험 못지않게 지능검사도 일정한 한계가 있다. 집단 지능검사에서도 영재 중 반 정도가 판별되지 못한다. 고도 지능아의 경우는 오히려 더욱 불리한 판별법이 되기도 한다. 아주 희귀한 고도 지능아 집단일수록 지능검사 결과와 개별 지능평가 사이에 오차가 크다.

따라서 부모들은 자기가 관찰한 상황에 더욱 신빙성을 두어야 한다. 가능하면 집에서 관찰한 내용과 정보를 교사에게 알려 줄 필요가 있다. 혹은 담당 전문가나 소아 전문 의사와 의견을 나누는 것이 필요하다. 그저 아이가 평균보다 나은 정도에 불과한 것이 아닌가 하는 의심이 들 수도 있다. 그래도 초등학교 2~3학년이 될 때까지 아이가 영재인 것으로 생각하고 모든 것을 준비하는 것이 바람직하다. 그 말은 아이에게 영재처럼 행동하라고 강요하라는 뜻이 아니다. 아이를 지지하고, 자신감과 자긍심을 키울 수 있도록 정서 함양과 격려를 아끼지 말라는 것이다.

가장 믿을 만한 잠재력 평가는 전문 심리학자에게 개별적인 지능검사와 성취도 검사를 받는 것이다. 학교 지능검사는 때로 단순히 참고 자료를 얻기 위한 것일 수도 있고, 특별한 프로그램을 위한 사전 검사일 수도 있다. 자신의 아이를 영재로 생각하는 부모들은 영재의 특성에 대해서도 잘 알아야 하지만, 심리학적 검사나 검사 방법에 대해서도 잘 알아둘 필요가 있다. 학교 당국이 지능검사에 무지한 경우도 많기 때문이다.

개별 지능평가는 주관적 선입관을 배제할 수 있다. 집단검사와 달리 여러 가지 장점이 있다. 적어도 아이가 평가에 임할 때, 주변 환경 때문에 주의력이 떨어지는 위험은 피할 수 있다. 집중력과 노력을 최대한 다 쏟을 수 있게 된다. 평가 방법이 표준화돼 있어서, 아이가 또래 아이들과 비교해 어느 정도의 지적 발달에 도달해 있는지 확인할 수 있다. 상담했던 부모 중에는 이런 검사 결과조차 학교 당국이 믿지 않았다고 말하기도 했다. "틀림없이 검사가 잘못되었을 것이다"라고 했다는 것이다. 이런 경우에는 심리학자가 결과 데이터의 정확성을 설명하는 것이 필요하다.

렌줄리 모형

통상적으로 학교에서 영재 판별은 세 가지 요소가 중첩되었을 때 가능하다. 렌줄리와 스미스[1980]가 개발해 매우 광범위하게 사용되는 모델이다. 세 가지 요소가 상당한 정도로 겹쳐질 때만 영재 프로그램에 참여할 기회를 얻게 된다. 렌줄리 모델이 보여 주는 것은 지적 잠재력 그 자체만으로는 영재로 인정되지 않는다는 것이다. 그런 잠재력을 적극적으로 활용하겠다는 아주 강력한 동기 부여가 있어야 하며, 그 능력이 아주 창의적이고 탁월한 수준으로 발휘돼야 한다. 영재성의 뚜렷한 발현을 고집하고 있는 만큼, 우리가 렌줄리 모델을 고수한다면, 어떤 이유로 자신의 잠재력을 발휘할 수 없거나 발휘하려 하지 않는 수많은 영재는 영재로 분류될 수 없다. 적어도 사회가 정의한 방식 때문에 능력을 발휘할 수 없거나 발휘하려 하지 않는다면 지적 자원 중 상당 부분은 개발되지 않은 채 사장돼버릴 것이다. 예를 들어, 뇌성 마비나 학습, 청력, 시력 등에 장애를 가진 영재는 공식적으로 영재가 되지 못할 것이다.

높은 지능을 갖고 있으면서도 매우 낮거나 평범한 학업 성과를 보이는 아이들을 드물지 않게 볼 수 있다. 이들은 표준화된 실력 검정 고사에서도 높은 성적을 얻지 못한다. 이런 아이들은 다소 특별한 동기 부여 혹은 전문적인 도움이 필요하다. 책 뒤에서 더 상세히 설명하겠지만, 이런 아이들에게는 무언가 능력을 발휘하지 못하도록 하는 방해요인이 있다. 단순히 동기 유발이 전혀 되어 있지 않는다거나 학습 장애 요인, 특정한 질병이 있을 수도 있다. 아니면 우울증이나 불안을 심각하게 겪고 있을

<그림 2> 영재 판별을 위한 렌줄리 모형

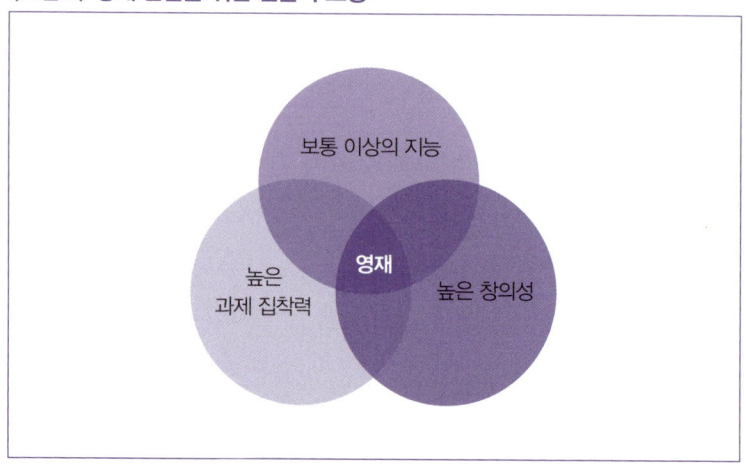

수도 있다. 어쩌면 학교 교육 방식에 문제가 있을 수도 있다. 고도 지능아의 경우에는 학교에서 사용하는 교재 자체가 적합하지 않을 수도 있다.

렌줄리 모형그림 2이 학교 교실에서의 학업 성취를 강조하고 있는데, 여기서 우리는 모든 아이가 같은 방식으로 학습하는 것은 아니란 사실을 알아야 한다. 지능 발달에도 여러 가지 형태가 있다는 것을 알아야 한다. 개인의 차이도 존재하지만, 성별에 따른 차이도 크다. 대체로 초등학교 과정까지는 교재가 언어로 되어 있는 경우, 여자아이가 더 좋은 학습 결과를 보인다. 남자아이들은 교재에 그림이나 도형이 많은 경우, 더 우수한 결과를 보여주는 경향이 있다. 대개의 학교 교재는 언어로 되어 있는 경우가 많다. 그런데 많은 부모가 경험하는 것처럼 아이가 성장함에 따라 이런 차이는 반전된다. 남자아이들이 성장함에 따라 언어 영역에서도 여자아이들보다 뛰어난 능력을 보이는 것이다.

학교에서 언어적 요소가 강조되는 만큼, 소수 인종 학생들은 많이 불리하다. 특히 저학년의 경우는 더욱 불리하다. 이런 아이들은 가정에서 사용하는 언어와 학교에서 사용하는 언어가 다르다. 언어 개념과 복잡한 상황에 대한 표현을 배울 기회가 적어서 언어적 발달을 촉진하는 데 한계가 있다. 따라서 집단검사에서 오는 한계, 교사의 판정상의 오류에 더해 소수 인종 학생의 경우에는 영재 판별에 더욱 어려움이 있다.

우 뇌 와
좌 뇌

최근의 지능 관련 이론 중 흥미 있는 내용으로 우뇌 영재와 좌뇌 영재가 있다. 모든 사람이 양쪽 뇌를 사용하고 있다는 것은 의심의 여지가 없다. 하지만 어떤 사람들은 한쪽 뇌를 다른 쪽보다 훨씬 많이 사용한다. 이런 사람들은 사고방식, 문제 해결, 성과, 지능에 있어 매우 다른 특성을 갖는다. 좌뇌 위주의 사람들은 논리, 분석, 사실, 세부 사항, 조직에 강한 면을 보이며, 문제에 대해 언어적인 해결 방법을 선호한다. 반면 우뇌 위주의 사람들은 시각적인 도해, 이미지 사용을 선호하며, 다소 유연하고 직관적인 방식으로 일을 풀어나간다.

어느 쪽이 더 좋을까? 그것은 해결해야 할 과제가 무엇인가에 따라 다르다. 사회에는 두 가지 요소가 다 필요하다. 우뇌 인간은 우수한 미술가, 음악가, 물리학자가 될 수 있을 것이며, 좌뇌 인간은 화학자나 회계사로서 우수할 것이다.

하지만 우뇌 학생이 좌뇌 교사에게서 교육받는다면? 물과 기름을 섞은 듯, 돌고래에게 타자를 가르치는 것과 같을 것이다. 교사는 논리적이고, 명확하게 말로 설명하는 방식을 요구할 것이다. 하지만 학생은 직관적이고 시각적이며 개방적인 방법으로 학습해야 좋은 성과를 보일 것이다. 과거로 갈수록 좌뇌형 인간에게 유리한 교육과정이란 점을 생각하면 오늘을 사는 우뇌형 학생의 부모에게 위안이 될까?

좌뇌·우뇌에 따른 선호도의 차이

좌뇌	우뇌
· 언어적 해석 선호	· 시각적 해석 선호
· 언어를 활용한 기억	· 이미지를 활용한 기억
· 단계적인 정보 처리	· 종합적인 정보 처리
· 논리적 사고	· 직관적 사고
· 한 번에 한 가지 처리 능력	· 멀티 플레이어 능력
· 분석 활동 선호	· 조직 활동 선호
· 이론적인 체계적 방식	· 즉흥적인 방식
· 조직적인 경험 선호	· 개방적인 경험 선호
· 사실, 상세 정보 선호	· 전체적인 흐름 선호
· 진지한 접근	· 유쾌한 접근

※ E. Paul Torrance, Your Style of Learning and Thinking, The Gifted Child Quarterly, 1977, Vol. XXI, No. 4, Winter.

일반적인 학과 성적이나 지능검사는 대체로 좌뇌적 특성에 관한 것이다. 우뇌적 특성이나 지능에 대한 적절한 평가 지표가 아직은 미흡하다. 특히 문제 해결에 있어 창조적인 접근 방식은 정형화된 검사로는 측정할 수 없다는 한계가 있다.

지능검사

지능검사는 시험 당시의 지적 능력과 잠재력을 측정하는 것이다. 영재라 하더라도 항상 좋은 컨디션을 유지하고 있지는 않다. 흥분해 있을 수도 있고, 몸이 아플 수도 있고, 시험 본다는 것에 긴장해 있을 수도 있고, 지적인 자극을 느끼지 못할 수도 있다. 그 밖에도 여러 가지 원인으로 지능검사의 점수가 제대로 나오지 않는 경우가 많다. 지능검사 결과는 아이가 처한 여러 가지 상황과 함께 평가돼야 하며, 그래서 정확한 해석을 위해서는 전문 심리학자가 필요하다. 이 전문가는 여러 가지 전문 해석 기법뿐 아니라 사람을 대하는 것에도 능숙해야 한다. 전문가는 부모나 아이와 관련된 사람들에게 지능지수 자체는 절대적인 것이 아니며, 확정적인 것도 아니란 것을 설명해야 한다. 지능지수는 아이의 영재성을 판별하는 참고적인 자료일 뿐이다. 전문적인 견해를 통해 해석돼야 하며, 그렇게 된다면 상당히 의미 있는 예측도 가능하다. 즉 아이의 지적 능력이 어느 정도까지 개발될 수 있을지 표준화된 환경에서 상대적으로 추정할 수 있다.

지능은 학업 성적과는 다른 것이다. 따라서 지능검사 결과는 학과 성적과 비례하지 않는다. 지능검사는 아이가 가진 잠재력에 관한 평가이며, 학과 성적에서 평가하는 것과 다른 특정한 능력을 측정하는 것이다. 그에 비해 학과 성적은 매우 좁은 영역에서 그동안 아이가 학습한 것을 얼마나 잘 이해했는지 평가한다. 어떤 영역의 재능과 창의성은 지능과 학업 성취 모두와 관련돼 있다. 하지만 두 가지는 결코 같은 것이 아니다. 그래서 음악, 미술, 또는 창의성 분야에 대해서는 재능을 평가하기 위해 특별한 평가 제도가 따로 개발돼 있다.

　지능이 어느 정도 유전되는지, 환경에 영향을 받는지는 아주 오랜 논쟁거리였다. 전혀 다른 환경에서 자란 일란성 쌍둥이 연구를 통해 이에 대한 답을 얻으려는 많은 노력이 있었다. 연구 결과는 대체로 지능의 60~70%를 유전으로 본다. 영재성이 아주 특별한 환경 속에서 만들어지는 것은 아니다. 영재 중 20~30%의 아이들은 평범한 이들의 자녀들이다. 소수 인종이나 아주 특이한 생활 방식을 가진 부모에게서도 비슷한 비율의 영재들이 태어난다.

　환경이 일정한 영향을 주는 것은 틀림없다. 좋은 양육을 받은 아이의 지능은 강화되고, 방치되거나 학대받은 아이의 지능은 떨어진다. 좋은 정서적 영향을 받고, 지적 자극을 받으면 아이들의 지능은 발달한다. 특히 아이가 어릴수록 그런 영향은 크다. 지능지수 10~20포인트까지 향상될 수 있다.

　지능이란 개념 자체가 일반적이고 개괄적인 특성이긴 하지만, 대체로 몇 가지 요소로 구성된다. 이 요소들은 잠재적인 능력으로 볼 때, 상당히 특성이 다른 것들이며 개발 가능성의 크기도 다르다. 일반 지능이 아주 높은 아이 중에도 특정한 분야, 즉 수학 같은 분야에서는 평균 이하의 발달을 보이는 경우가 있다. 이런 것을 우리는 '학습 장애'라고 부른다. 영재 중에도 '학습 장애'를 가진 아이들이 많다.

어린이들을 위한 개별 지능검사로 가장 많이 사용되는 것은 웩슬러 지능검사다. 6세 이상의 아이들을 대상으로 하는 WISC-R^{Wechsler Intelligence Scale for Children-Revised, WISC-R}, 4~6세 아이를 대상으로 하는 WPPSI^{Wechsler Pre-School Primary Scale of Intelligence}가 있다. 웩슬러 팀은 지능을 언어 지능^{Verbal IQ}과 비언어 지능^{Performance IQ}으로 나누는데, 두 검사는 대체로 언어 지능을 측정한다. 보통 언어 지능과 관련된 부분은 좌뇌에서 발달하는 것으로 보며, 공간 관계를 파악하는 능력 같은 비언어 지능은 우뇌에서 발달하는 것으로 보고 있다.

지능을 언어 지능과 비언어 지능으로 구분하는 것 외에도, 'WISC-R'과 'WPPSI'에는 6개의 영역이 구분돼 있다. 일반 정보 처리, 언어 추상, 영상 추상 및 구성, 기호 사용 능력 등이다.

어린이들의 지능 측정, 특히 미취학 아동의 지능 측정에 자주 사용되는 것으로 '스탠포드 비네 지능검사'도 있다. 2세 어린이 대상 검사에서 성인 대상 검사까지 개발돼 있어, 단계별로 6개 영역이 포함돼 있다. '비네 지능검사'는 언어 지능과 비언어 지능을 구분하지 않고 있지만, 6세 이하 어린이의 지적 잠재력에 대해서는 좀 더 높은 수치까지 측정할 수 있다는 장점이 있다.

개별 지능검사는 5~6세 이상의 어린이에게 적용했을 때 가장 정확한 수치가 나온다. 14세까지는 대체로 측정의 정확도와 안정성이 향상되고, 이 나이를 넘어가면 지능지수는 거의 고정된다. 14세 이하 어린이의 경우는 앞서 설명한 여러 가지 이유로 측정 지수에 기복을 보인다. 6~8세 아동은 85~90%에서 대체로 8포인트 이하의 오차가 발생한다. 대부분은 무시해도 될 만한 오차 범위다. 한 가지 주목할 만한 점은 컨디션에 따라 지수가 낮게 측정되긴 해도 운이 좋아 더 높게 나오지는 않는다는 것이다. 검사가 운에 따라 높은 점수가 나오지 않도록 설계가 되어 있다.

영재의 경우, 5세 정도에 지능검사 및 성취도 검사를 하고, 10세나 11세에 한 차례 더 실시하는 것이 좋다. 검사를 통해 학교 성적에 대해 합리적인 기대치를 예측할 수 있어, 학교생활을 잘 준비시킬 수 있다. 대부분 학교에서는 어떤 문제가 발생하기 전에는, 지능검사를 시행하지도 않거니와, 영재 판별에서 제외될 가능성이 크다. 지적 잠재력의 50%는 4세 이전에 결정되며, 8세까지 80%가 완성된다. 영재 판별이 빠를수록 잠재력에 뒤처지는 학업 성과를 얻는 문제를 예방할 수 있게 된다.

지능 개발은 일정한 속도로 개발되는 것이 아님을 알아야 할 필요가 있다. 성인이 될 때까지, 지능의 발달도 신체의 발달과 마찬가지로 급속한 발달과 일시적인 지체 상태가 번갈아 나타난다. 이런 성장 속도의 개인차는 매우 크기 때문에 일정한 시기에 지능 발달 상황을 다시 점검해 발달에 지장을 주는 문제가 없는지 점검할 필요가 있다.

이런 점검은 학교 밖에서 하는 것이 오히려 바람직하다. 학교 내에서 실시하게 되면, 여러 가지 시험에 대비한 준비가 이루어져 객관적인 평가가 방해받을 수 있다. 실제로 학교 자체가 아이의 지능 개발에 문제일 수도 있으며, 부모들은 학교에 의존하지 않은 정보를 얻고 싶어 한다. 대체로 학교 당국은 영재들이 갖는 특별한 요구를 잘 모르는 경우가 많다. 체계가 잘 잡혀 있는 학교라도 대개는 학습 장애, 특히 학습 조건에 직접적인 문제에만 집중한다. 학습 상담 전문가도 영재의 특성에 대해선 특별한 훈련을 받지 못한 상태다. 일반적으로 학교 안이든 밖이든 학습 상담 전문가에게 공식적인 자격증이나 학위, 훈련 과정을 이수했는지 묻는 것이 쉬운 일은 아니다.

심리학 분야에서는 소수 의견이라던가, 재평가라는 과정이 특별하지 않다. 특히 영재 판별 문제에서는 얼마든지 필요한 일이라고 할 수 있다. 부모 스스로 자녀의 영재성에 근거가 있다고 판단되면 여러 전문가의 의견을 두루 구하는 것이 좋다.

　결론적으로, 자녀가 영재든 아니든, 아이의 잠재력 평가는 반드시 학교에 의존할 필요가 없다. 개별 지능검사나 성취도 평가를 해줄 수 있는 전문가는 여러 곳에 있다. 하지만 무엇보다 중요한 것은 부모 자신의 관찰이나 평가다. 다시 한 번 강조하지만, 영재라고 해서 학교에서 반드시 좋은 성적을 올리는 것은 아니다. 영재가 잠재 능력을 제대로 발휘하기 위해서는 몇 가지 선결 사항이 해결돼야 한다. 다음 chapter에서는 잠재력보다 뒤처지는 학업 진도, 동기 유발, 그 밖에 관련 문제들을 다루도록 하겠다.

Q 우리 애가 영재라는군요. 이걸 아이에게 알려야 할까요? 필요 없이 건방져져서 학업을 게을리하지 않을까 염려돼요.

A 어떤 식으로든 알려주어야 합니다. 아이가 서너 살 이상만 돼도 아이는 스스로 자신이 다른 사람들과는 다르다는 것을 깨닫게 됩니다. 그 사실이 갖는 의미를 정확하게 이해하는 것이 앞으로 생길 수 있는 여러 문제에 도움이 될 것입니다. 대부분 '영재' 혹은 '천재'라는 표현을 싫어합니다. 생각하는 속도가 조금 빠르다던가, 지적인 잠재력이 다른 사람보다 크다던가 하는 식으로 짚어주는 것이 좋을 것 같습니다.

Q 조기 입학 혹은 월반은 어떻습니까? 정서적으로 어떤 영향을 미칠까요?

A 아이의 정서적 발달에 따라 좋을 수도 나쁠 수도 있습니다. 대개 지적인, 학습상의 문제는 거의 없거나 금방 극복됩니다. 그러나 몸집이 작다던가, 운전면허, 선거권, 2차 성징 같은 문제에서 다른 아이들에게 현격히 뒤처지는 문제에 잘 대처할 수 있는가 고려해야 합니다. 그렇다고 해서 나이에 따라 진급시킨다면

아이는 공부 시간이 엄청 지루해지는 불이익에 시달리게 됩니다. 아이의 지적 발달에 돌이킬 수 없는 피해를 줄 수도 있습니다. 어느 쪽이 더 나쁜가를 저울질해야 합니다. 특별 학습 시간을 갖도록 하는 것도 한 가지 방법입니다. 하지만 그것으로 충분하지 못할 경우가 많습니다. 월반을 한두 번 하거나 두 학년을 건너뛰는 것으로 문제가 해결되는 것도 아닙니다. 아이의 학습 능력이 이보다 빨라 더 높은 수준을 요구할 수도 있습니다.

Q 학교에서 우리 아이가 영재라면서 정확한 IQ는 안 알려주는군요. 알아야 하지 않을까요?

A 정확한 수치를 알 필요는 없습니다. 우수한 정도인지 아주 특별한 범위인지만 알면 됩니다. 145 이상인지^{상위 1.5%} 160^{3만 5천 명 중 하나} 이상인지만 확인하면 됩니다. 160 이상이라면 특별한 검사와 대책이 필요합니다. 어떤 영역이 강한지, 어떤 영역이 약해서 별도의 개발 노력이 필요한지 점검해 학습 과정을 설계해야 할 필요가 있습니다.

Q 제가 보기에 우리 아이에게 특별한 지적 능력이 있는 것 같은데 학교에서는 영재로 판정하지 않았습니다. 학교가 실수한 것일까요?

A 아마도 그럴 확률이 높습니다. 확인할 방법은 많습니다. 확인했으면 아이를 영재로 대하십시오.

Q 아이의 지능지수는 높은데 성적은 엉망입니다. 어느 것을 믿어야 합니까?

A 지능지수를 믿어야 합니다. 일반적으로 지능검사는 조작하거나 운이 좋아서 높게 나오지 않습니다. 성적이 잘 안 나오는 이유는 여러 가지가 있습니다. 아이가 성적을 중요하게 생각하지 않을 수도 있고, 자기 재능을 숨기려 할 수도 있고, 교사 혹은 부모와 감정 싸움을 벌이는 경우일 수도 있습니다. 10대 아이들은 특히 그럴 수 있습니다. 아이 편이 되고, 용기와 기회를 주십시오, 교육 시스템과의 싸움이 그치고 화해가 이루어지면 성적은 아주 짧은 시간 내에 상승할 수 있습니다.

말을 물가로 데려갈 순 있지만, 물을 마시게 할 순 없다.
― 영국 속담

강렬한 욕구와 확고한 결심이 없는 사람의 마음은 잠들어 있는 것과 같다.
― 에드가 F 로버츠

중요하다고 생각되는 것이 아무것도 없는 것만큼 더 큰 비극은 없다.
― 아서 E 모건

chapter **04**
동기 유발에 투자하라

학업 부진 Under achievement 의 가장 큰 이유는 동기 유발 실패다. 유일한 원인은 아니라 하더라도 가장 보편적인 원인이다. 영재가 학교에 입학하면 부모는 당연히 아이가 가진 소질이 발휘되기를 기대한다. 영재들은 학교 입학 전에 매우 강한 호기심을 보이기 때문에 부모는 훈육의 문제에 대해 걱정하지, 동기 유발을 염려하지는 않는다. 그러나 동기 유발은 학업 성취나 건전한 자아상을 만드는 데 매우 중요한 요인이 된다.

영재들이 학업에 충분한 동기가 있다는 것은 영재들의 이야기를 들으면 분명히 알 수 있다.
"저는 미치도록 공부하고 싶어요!"
"저는 세상이 어떻게 연결되고 돌아가는지 알고 싶었어요. 처음부터 끝까지 속속들이 알고 싶었어요."

그런데 왜 많은 영재가 잠재력보다 훨씬 뒤떨어지는 학업 성적을 얻을까? 무엇이 영재들의 열망을 시들게 하는 것일까? 그런 열망을 되살리기 위해 어떤 일을 할 수 있을까? 열망을 되살린 다음 결실을 보도록 어떻게 유도할 수 있을까? chapter 04에서는 이런 의문에 대한 해답을 찾아가고자 한다. 이 과정에서 부모와 교사들이 많은 시사점을 얻기 바란다.

동기 유발의 실패 요인은?

우선 학업 부진의 원인이 성취동기 부족에 있다는 것을 확인할 필요가 있다. 시각, 청각 장애, 특정한 감염성 질환도 원인이 될 수 있고, 특히 10대 청소년의 경우에는 영양실조, 약물 등의 원인이 있을 수도 있다. 그다음에는 가족 구성원들의 정서적 문제를 점검할 필요가 있다. 가정 내 어떤 문제 혹은 위기 때문에 아이의 학업 문제 등은 돌아볼 여유가 아예 없을 수도 있다. 현실적으로, 살면서 여러 가지 위기가 없을 수는 없지만, 가정의 위기와 학업 부진에 대해 균형 있는 접근이 필요하다.

가정 구성원과의 정서적 유대에 큰 문제가 없고, 부모가 아이의 학업에 무관심한 것이 아니라면, 아이와 부모의 관계를 살펴볼 필요가 있다. 혹은 아이와 특별한 관계에 있는 다른 어른들과의 관계도 살필 필요가 있다. 그런 관계에 아이가 어떤 시각을 가졌는지 살펴볼 필요가 있다.

아이가 언제 어떤 경우에 강한 동기 유발이 되었는지 기억하는 것이 특히 중요하다. 아이와 직접 그때 이야기를 나누는 것도 좋다. 되도록 부드럽게 그때 일을 상기시키고, 성취감과 자긍심을 되살릴 필요가 있다. 그러면 아이가 왜 학업에 흥미를 잃게 되었는지 말할 것이다. 목표는 성적 자체도 아니고, 즉각적으로 학업에 대한 열망 되살리기도 아니다. 아이 스스로 가치 있는 성과를 지향하고, 동기를 부여하는 것이 목표가 돼야 한다. 아이와 이야기를 나누고, 되도록 아이의 심정을 주의 깊게 들어주되, 별로 도움이 안 된다면, 다음 단계를 검토해야 한다.

아이에게 어떤 성공 모델을 제시하고 있는가? 아이와 얼마나 많은 시간을 보내고 있는가? 아이와 이야기를 나눌 때, 아이가 얼마나 편안히 의견을 말하는가? 부모 자신이 공부에 대한 열망이 있는가? 있다면 그런 열망을 아이에게 어떻게 전달하고 있는가? 이런 모든 것들이 아이의 학업에 영향을 주고, 심지어 지능지수에도 영향을 준다.

학교 상황도 살펴보아야 한다. 가정 내 문제를 살피고 나서, 제일 먼저 살펴야 할 곳이 학교다. 특별한 문제가 없는 영재라면,

입학할 때 커다란 기대와 호기심으로 학교생활을 시작한다. 아이는 세상에 대한 호기심을 채워줄 곳으로 기대한다. 자신이 가진 능력을 발휘해 보이고 싶은 강렬한 욕구를 보이고, 친구들과의 관계 형성에도 관심이 있다. 이때, 부모는 아이가 단호함과 독립성을 유지하면서도 적극적인 태도를 잃지 않도록 해야 한다. 이런 흥미, 호기심, 진취성을 가진 아이들은 1~2학년 시절 틀림없이 좋은 성적을 보여줄 것이다.

그러나 대개, 학교 시스템은 97%에 해당하는 학생들에게 초점이 맞춰져 있다. 따라서 상위 3%의 학생들이 학교 교육에 동기 유발하기는 어렵다. 영재의 열정과 동기 유발은 사그라든다. 학교는 아이가 전체 학업 진도에 발맞추기를 강조한다. 솔직히 많은 경우, 교사들은 영재에게 적대적이기까지 하다. 교사가 우수한 학생에게 화를 내고, 교실에서 아이를 비꼬는 말로 질책하고 '버릇을 가르치기 위해' 점수를 깎아버리는 사례는 드물지 않다. 그렇게까지 하진 않더라도 아이의 주장을 무시함으로써 불편한 심기를 드러내기도 한다. 영재와 부딪히는 것이 싫어서 부진한 학생들을 지도하는 일에 몰두하는 사례도 많다.

물론 모든 교사가 그런 것은 아니다. 여러 가지 어려움이 있긴 하지만, 아이가 학업에 흥미를 유지하는 데 성공하는 부모들도 적지 않다. chapter 02에서 설명한 '긍정적인 영향을 준 사람'

을 만난 경우다. 이런 교사 혹은 교사 역할을 하는 사람들의 영향력은 아주 크다. 이들은 아이의 학업 참여를 독려하고, 아이의 활동과 감정에 관심을 보인다. 아이의 새로운 발견과 의견을 칭찬하고, 아이를 비꼬는 일이 없다. 이런 분들은 아이의 감정을 이해하고 수용하며, 아이의 믿음을 받는다.

영재는 정서적으로 안정감을 얻고, 기회가 주어졌을 때, 학업에 매진한다. 공부에 몰두할 준비가 되어 있고, 하고 싶다면, 자연스럽게 성과를 얻을 것이다. 무엇 때문에 아이가 학업에 몰두하지 못하는지 정확히 파악하는 것이 중요하다. 정서적으로 어떤 침해를 받고 있어서 공부에 대한 흥미가 없다면, 주위 사람들이 아무리 노력해도 성과가 없을 것이다. 강제로 책을 보게 할 수는 있겠지만, 정말 공부에 몰두하게 할 수는 없을 것이다. 그것이 많은 부모가 실제로 경험하는 일이다. 학교가 무시무시한 전쟁터라도 영재가 의욕만 갖는다면 아이는 늘 경쟁에서 우위에 설 수도 있을 것이다. 우리의 목표는 아이가 스스로 왜 배워야 하는지 깨닫고, 동기 유발을 저해하는 요소를 찾아 극복하게 하는 것이다. 그런 과정을 통해 아이는 진정한 동기를 갖게 된다.

> **동기 유발을 방해하는 원인**
> - 부모나 교사의 너무 큰 기대치
> - 부모의 강압에 대한 반항
> - 실패에 대한 두려움
> - 평범한 친구와 어울리는 게 높은 성적보다 좋은 마음
> - 절망감이나 우울감에 따른 결과
> - 도움을 바라고 관심받고 싶은 욕구

감정 존중에서 출발해라

동기를 유발하려면 먼저 그 사람 관점에서 현 상황과 과제를 인식할 필요가 있다. 아이의 관점에서 감정을 존중하는 것으로 시작해야 하며, 아이가 무엇이 필요한지 파악해야 한다. 자신의 필요를 강압적으로 주입해서는 안 된다. 아이 관점에서 실패의 위험성을 줄이는 것이 중요하다. 교사는 아이가 일정한 성과를 내지 못하면 체면을 잃겠지만, 아이에게는 그럴 수도 있는 일이다. 아이는 반항하고, 거부하고, 다른 사람의 요구를 거절할 수도 있다. 질문하더라도 부드럽게 하고, 아이의 감정을 있는 그대로 인정하는 분위기를 만들어야 한다. 마음이 풀려야 양보도

하고 너그러워진다.

 교사 또는 부모와 감정싸움을 벌이는 아이는 학교생활 자체를 부정하려 든다. 자기를 쓸모없는 존재처럼 느껴지게 하는 일들을 강요하는 학교와 부모를 원수처럼 여길 수도 있다. 어떤 부모들은 아이에게 학교를 어쩔 수 없는 '필요악'이라고 설득하기도 한다. 별로 대단하지 않지만 하나의 훈련 단계로 보아야 한다는 논리다. 그러나 대신 아이가 진정으로 원하는 것을 얻을 수 있게 해주는 기회라고 주장한다. 예를 들어, "좀 더 선택할 수 있는 폭이 넓은 좋은 교육기관에 가는 데 필요하다" "친구나 발표 기회가 많아진다" "네가 하고 싶은 많은 활동이 가능하다" "공동체에 소속해 있어야 한다"고 설득하는 것이다.
 이런 설득 작업은 부모로서는 외줄 타기와 같은 일이다. 지나치게 학교를 두둔해서도 안 되고, 지나치게 부정적인 인상을 심어 주어서도 안 된다. 영재들은 흔히 더욱 구체적이고 실용적인 목적보다는 다소 철학적인 목표와 자신의 행동을 연관시키려는 경향을 보인다. 따라서 부모는 현재의 교육 시스템이 갖는 빈곤한 철학에 대해 공감하지만, 여러 가지 실제적이고 실용적인 고려 사항도 무시할 수는 없다는 태도를 보여야 한다.

인간 행동의
욕구 단계 이론

매슬로가 제시한 인간 행동의 욕구 단계는 사람이 성장하면서 갖게 되는 변화와 발전에 많은 시사점을 준다. 특히 아이들의 행동을 이해하는 데 큰 도움이 된다. 욕구 단계는 기본적인 것에서 더욱 발전된 것으로, 유아의 욕구부터 성인의 욕구까지 차례대로 보여준다.

생리적인 욕구 1단계
배가 고프면 피로감을 느낀다. 기본적인 생리 욕구 충족이 가장 중요하다. 1단계 욕구가 충족되지 않은 상태에서 상위 단계의 욕구는 동기 요인이 되지 못한다. 집에 오자마자, 샌드위치라도 하나 먹어서 허기를 없애야, 피아노 연습이나 숙제 등을 하나의 도전 과제로 인식하고 움직인다. 영재들의 경우는 에너지 레벨이 높아서 더 자주 간식을 찾기도 한다.

안전에 대한 욕구 2단계
자기방어가 그다음 단계다. 물리적으로든 정신적으로든 자신이 안전하지 못하다고 느끼면, 안전을 확보하고 방어할 수 있는 위치를 차지하는 것이 우선이 된다. 자신이 공격당할 수 있고, 위험에 노출돼 있으며, 혼자라고 느낄 때, 수학 문제에 집중한다는 것은 몹시 어려운 일이다.

소속감에 대한 욕구 3단계

물리적인 욕구들이 적당한 수준으로 충족되고, 위협이나 위험이 없다고 느끼면, 아이의 동기 요인은 소속감과 애정으로 나아간다. 자아의식은 자신이 어떤 집단에 소속돼 있으며, 구성원에게 어느 정도 인정받는지에 따라 결정된다. 아이도 소속원들을 사랑하고 있다고 느낀다. 이런 일체감은 아이가 집단에 수용되고 있다는 것을 의미한다. 물론 아이가 모든 집단에 소속감을 느끼고 모든 사람에게 가치를 인정받아야 할 이유는 없다. 좀 더 중요하고 가치 있는 집단과 그렇지 못한 집단을 구별할 분별력이 생길 때까지, 아이는 다소 변덕스럽게 여러 집단에서 소속감을 추구하는 방황을 할 것이다. 그것이 자연스러운 것이다.

자아 만족과 애정에 대한 욕구 4단계

기본적인 욕구들이 충족되면, 아이는 훨씬 안정감을 찾고, 욕구 요인은 내적인 것으로 바뀐다. 아이는 자신에 대한 만족감을 좀 더 중요하게 생각하며, 남이 자기를 어떻게 보는가보다 자신의 느낌에 훨씬 충실하게 된다. 가치관이 좀 더 명확하고 확고해진다. 그러면 좀 더 능동적으로 외부 세계에 접촉을 시도하게 된다. 남에 대한 애정을 표현하는 방식에 많은 에너지와 욕구를 분출하게 된다. 이 과정에서 자신의 가치관에 충실한 보상을 추구한다.

지적 이해와 자기완성에 대한 욕구 5단계

이전 단계의 욕구가 적절히 채워지면, 한 단계 더 내면화된다. "나는 누구인가?" "이 세상에서 나는 과연 자유 선택 의지를 갖고 있는가?" "인간에게 있어 가장 중요한 요소는 무엇인가?" "왜 한 인간이 다른 인간을 마치 다른 동물이라도 되는 것처럼 취급하는가?"와 같은 문제에 파고들게 된다. 사람은 누구나 자기에게 주어진 잠재력과 실력을 인식하고 있으며, 그런 잠재력을 개발하고 발휘하고자 한다. 영재들은 최종 단계의 욕구를 추구할 강력한 잠재력이 있다.

욕구 단계의 발전에서 일관되게 적용되는 규칙은 앞 단계 욕구가 충족되지 않으면, 다음 단계로 발전할 수 없다는 것이다. 높은 단계의 욕구가 개발돼 있더라도 앞 단계의 기본 욕구가 위협받으면 앞으로 더 나아갈 수가 없다.

성취동기 높이는 세 가지 접근법

이제 독자들은 이런 의문을 제기할 것이다. "그러면 이제부터 이런 욕구 이론을 어떻게 이용하라는 것인가? 우리가 쉽게 실천할 수 있는 좀 더 실질적인 실천 방안은 무엇인가?" 앞서 논의된 내용을 충분히 이해했고, 자신의 상황에 적용하려고 노력했다면, 이미 실천하고 있다고 할 수 있다. 뒤의 chapter 07 '감정교류'에서 더 자세히 다루겠지만, 중요한 점은 어떤 영재도 이미 어느 단계의 욕구가 있다는 점이다. 단지 부모들이 원하는 수준이 아니거나 욕구의 추구 방법이 다를 뿐이다. 그 수준을 상향시키고 방법을 바꿔주려면, 아이와 심정적으로 소통할 수 있어야 한다. 소통을 통해 너를 이해하고 있으며, 안전하게 보호해줄 것이며, 사랑하고 있다고 믿게 해야 한다.

아이와 신뢰가 쌓이고 적극적으로 관여할 수 있게 되면, 아이의 욕구를 깊이 이해하고 확신할 수 있을 것이다.

동기 요인의 수준을 끌어 올리기 위해선 세 가지 접근 단계가 꼭 필요하다. 단계적 성공 모델, 목표 설정, 인간관계가 그것이다.

단계적 성공 모델

현재 당신의 아이가 어떤 단계에 있든지 원하는 수준으로 갈 때까지 반드시 '단계적 성공 모델'을 설정해야만 한다. 행동 심리학자들은 이것을 '단계적 접근법'이라 부른다. 이 개념은 아주 중요하기 때문에 앞으로 이 책에서 수없이 반복해 강조될 것이다. 현재 아이는 평균적인 동기 유발 수준이거나, 부분적인 수준, 혹은 전혀 안 되어 있는 수준에 있을 것이다. 어떤 단계이든 방향 설정만 제대로 한 뒤, 아주 작은 변화라도 보이면 적극적으로 칭찬하고, 격려하고, 상을 주라. 그러면 아이도 좀 더 노력을 기울이게 된다. 큰 발전도 수없이 작은 발전으로 이루어진 점진적이고 장기적인 노력의 결실임을 알아야 한다.

사람은 모름지기 보상이 주어지는 쪽으로 움직이게 되어 있다. 처음에는 아주 작은 발전에 대해서도 기꺼이 보상하고, 그저 시도만 해도 상을 주어야 할 것이다. 그렇게까지 하는 이유는 아이가 무언가를 이뤄내면 일정한 혜택과 가치가 있다는 것을 스스로 깨달을 수 있게 도와주는 것이기 때문이다. 물론 스스로 그 가치를 발견하고 성취하고자 노력하는 것이 바람직하다. 그러나 시작 단계에서는 보상을 통해 그 가치를 발견하도록 자극하는 것이 효과적이다. 보상이란 것이 물질적인 것만이 아니라는 것을 명심해야 한다. 따뜻한 칭찬 한마디, 진심으로 기뻐하고 즐거워하는 한마디, 혹은 가벼운 스킨십이 돈이나 물건보다 훨씬 더 큰 보상이 된다.

새로운 습관을 만들기 위해선 익숙해질 때까지 여러 번 보상을 해주는 것이 좋다. 많은 사람이 놓치는 요소가 바로 이것이다. 보상의 크기보다 보상의 빈도가 훨씬 중요하고 효과적이다. 한 번에 다섯 개의 풍선을 주기보다는 시간을 두고 다섯 번 나누어 한 개씩 풍선을 주고 미소를 짓는 것이 훨씬 효과적이다.

다음 흔히 저지르는 실수는 보상이나 피드백까지 너무 오래 기다리게 하는 것이다. 즉각적인 보상, 혹은 즉각적인 질책이 더욱 효과적이다. 부모가 지연하는 만큼, 관심을 잃을 가능성이 커진다. 최악에는, 왜 보상을 주는지, 왜 질책하는지도 잘 모를 수 있다. 부모에게 아이의 좋은 습관을 만들어주는 일을 완벽하게 해내는 전문성을 기대하기는 어렵다. 하지만 보상을 즉시 해주는 것만 충실히 해도 반 이상 성공이라 할 수 있다. 일이 다 끝나지 않았어도 중간에 보상하는 것도 좋다. 윙크 한번 해주는 것, 딱지에 웃는 얼굴을 그려주는 것 등이다.

장기적으로 동기 요인을 유지하는 것은 쉬운 일이 아니다. 예를 들어 1학기 내내 어떤 일을 유지한다는 것은 어려운 일이기 때문에 어른의 도움이 필요하다. 대개 부모들은 이 점을 지나치고 어른들에게 요구하는 듯한 높은 목표를 설정하는 잘못을 범한다. '이번 달 내내 이것을 한다면!' 이런 목표 설정은 실패 확률이 높다. 한 달 내내 무엇을 지키거나 유지하는 것은 어른들도 어렵다.

장기적인 계획을 수립하고 기간 내내 생활과 습관을 통제하는 것은 저절로 되는 것이 아니고 학습되는 것이다. 어른들이 한 번 설명하는 것으로 바로 습득할 수 있는 것도 아니다. 세심한 목표 설정이 필요한데, 너무 어려워도 안 되고 쉬워도 안 된다. 중장기 목표에 도달하기 위해 중간 목표도 필요하며, 부분적인 성공에 대한 간단한 보상도 게을리해선 안 된다. 이런 중간 목표가 '중간 휴

게소' 역할을 한다. '중간 표지판'은 처음으로 만만치 않은 목표를 세우고 지속적인 노력을 유지해야 하는 아이에게는 특별히 더 중요하다.

목표 설정

부적절한 목표 설정은 아이에게 좌절감을 준다. 너무 높아도, 너무 낮아도, 의미가 모호해도 안 된다. 좋은 결과, 높은 성적 같은 것은 너무 막연하다. 그러면 자신이 성공했는지 실패했는지 알 수가 없다. 구체적인 숫자로 된 목표가 훨씬 효과적이다. 영재도 다른 아이들처럼 목표 설정 방법을 배워야 한다. 장기적 목표뿐 아니라, 잠정적이고 실현 가능한 단기 목표를 설정하는 방법도 배워야 한다. 목표를 구체적으로 써보는 것, 약속하는 것도 중요하다. 되도록 아이가 스스로 쓰도록 유도하면 좋다.

영재에게는 목표와 관련된 일이 자주 일어나게 되므로, 목표 설정은 특별히 중요하다. 목표 설정과 가치 평가에 대한 기법은 어른들도 배워야 한다. 영재는 지적 발달이 빨라서 비교적 어린 나이에도 이런 방법을 배울 수 있으니, 적극적으로 활용할 필요가 있다.

목표 설정이란 목표를 구체화하는 것을 의미한다. 여러 가지 욕구가 마음속에서 경합할 때는, 목표 설정도 어렵고, 그 목표에 동기 부여하기도 쉽지 않다. 특히 장기적으로 유익한 목표를 위해 단기적으로 아이에게 매력적인 것들을 포기시키기는 어렵다. 하지만 가치를 구체화하고 우선순위를 확고히 함으로 이런 딜레마를 해결하도록 한다. 예를 들어, '당신에게 6개월의 시한부 인생만 남아 있다면 무엇을 하겠는가?'와 같은 개념적인 게임을 한다면 도움이 될 수 있다. 그 무엇을 위해서 필요한 것은 무엇인가? 그것을 해내기 위해 무엇을 투자해야 하는가? 그것에 성공하면 다른 사람들에게는 어떤 영향을 끼치게 되는가? 그것이 그에게 얼마나 중요한가?

부모들도 자신의 가치를 점검할 필요가 있다. 아이가 졸업식사를 읽는 최우수 졸업생이나 반장이 되었으면 좋겠는가? 아니면 아이가 독특한 인격을 형성하고 스스로 목표를 세워서 결과를 만들어나가기를 희망하는가? 부모인 당신의 목표는 얼마나 현실적인가? 돈 잘 벌고 안정적인 직업을 가졌으면 좋겠는가? 아니면 아이가 자기 인생에 충족감을 느끼며 살기를 원하는가? 아니면 두 가지 다 원하는가? 그런 인생을 누리기 위해 가져야 할 중간 목표는 무엇인가? 아이가 그 목표에 접근하고 있는지 예측할 수 있는 기준은 무엇인가? 혹시 당신은 아이에게 지나친 목표를 강제하고 있는 것은 아닌가? 어쩌면 당신이 어린 시절 이루지 못한 꿈을 아이에게 강요하고 있는 것은 아닌가? 영재의 부모들이 특별히 고려해야 할 것은 부모 자신이 사회적인 인정을 받기 위해 자신의 욕심에 몰두하고 있는 것은 아닌지 깊이 따져보라는 것이다.

목표가 구체적인 이유와 제대로 연관됐다면, 목표는 훨씬 현실적인 것이 될 수 있고, 아이 스스로 성공을 예감하게 될 것이다. 큰 목표를 적절한 크기의 성취 가능한 작은 과제들로 나누어주면, 아이들은 감당할 만하다고 느낀다. 작은 중간 단계의 목표를 달성하면 아이는 자신감을 얻게 된다. 이런 자신감들이 다시 동기 요인을 강화하고 좌절을 막아준다.

인간관계
주어진 과제가 감정과 정서적 동기를 가질수록 달성하고자 하는 의욕이 강하게 된다. 개인적인 인간관계에 연관된 지식일수록, 우리는 더 알고 싶어 한다. 성취하고 배우고자 하는 욕구, 지식을 자랑하고 싶은 마음, 자기가 속한 집단에 무언가 도움이 되고자 하는 욕망은 인간관계로 이어진다.

대부분의 필요 욕구는 직간접으로 다른 사람과의 관계 속에서 생겨난다. 동기의 유발과 상실은 아이를 둘러싼 다른 사람들 때문에 일어난다. 그것이 인간성의 본질이기에 아이와의 관계 속에서 동기 유발의 가능성이 존재하는 것이며, 긍정적인 영향이 가능한 것이다. 아이와 함께 실천하며 동기 요인의 방향을 바꿀 몇 가지 방법들을 소개한다.

성과를 인정한다

당신이 느끼는 것을 표현하고, 아이가 느끼는 감정을 어떻게 이해하는지 알려주어야 한다. 아이의 인격은 무시하고 일정한 꼬리표를 달아서 도매금으로 평가하는 일은 아주 흔한 일이다. 하지만, "성적을 잘 받았구나"라고 하는 대신, "내가 받은 성적표를 보니 자랑스럽고 기쁘구나. 너도 성적이 올라서 자랑스럽지?"라고 해야 한다.

시도 자체를 격려한다

아이의 행동에 대해 말할 때, 완벽함이 아니라 조금씩 개선되기를 기대한다는 점을 분명히 전달해야 한다. 아이가 현명하고 책임감 있게 행동할 것을 믿는다는 것을 느끼게 해야 한다.

같이하는 활동을 만든다

무언가 같이 활동할 때, 아이는 당신의 의욕을 보게 될 것이다. 당신에 대한 가치를 제대로 알리는 계기가 되는 것이다. 그런 과정에서 당신의 열정을 느끼고 감사함을 느낄 것이다.

'단계적인 성공 모델' '목표 설정' '인간관계'는 서로 연관성이 깊어서 별도로 논의할 수 없을 것이다. 실생활 속에서 이 세 가지는 따로 떼어서 일어날 수 있는 것이 아니다. 동기 유발의 수준을 끌어 올리기 위해 세 가지 모두 필수적인 것이다.

영재들은 항상 무언가에 대해 강한 동기가 있다는 것을 잊어서는 안 된다. 동기 유발이 되지 않는 것이 아니라, 당신이 그것에 집중하지 않은 것이다. 단계적인 접근 모델, 목표 설정, 인간관계 그리고 다른 여러 기법을 통해 아이의 동기 요인을 높은 수준으로 유도하라. 이런 과정은 점차로 이루어지지, 절대 단번에 되는 것이 아니다. 한 가지 분야에서 이런 변화가 성공하면, 점차 다른 영역으로도 그 변화의 흐름은 확장될 수 있다. 그래서 다른 분야에서도 성취동기가 강화되고 학습 의지가 성장한다.

성취동기를 지나치게 강요하지 마라

학업 과잉을 불평하는 부모는 별로 없다. 하지만 성인이 되었을 때는 이것도 심각한 문제리는 것을 쉽게 알 수 있다. '일 중독'이란 말은 많이 들었을 것이다. 중년의 어느 날, 문득 자신이 과연 제대로 살아온 것인지 회의에 빠지는 사람이 있다. 이런 사람들은 모든 인간적 가치를 희생하면서 오직 일과 성취에만 매달려왔다는 것을 깨닫게 된 것이다. 부모들은 아이를 키우면서 그들이 가르치고 있는 가치를 미래에 적용하는 것을 잊곤 한다. 이런 가치관들은 장차 아이가 성인이 되었을 때, 어떻게 영향을 끼칠지 차분히 생각할 필요가 있다. 모든 사람은 가끔 휴

식이 필요하며, 충만한 인간관계를 위해 시간을 가질 필요가 있다. 영재의 학업 과잉은 큰 문제의 시작일 수 있음을 잊지 말자.

　영재가 스스로 불행을 느낄 때, 자신이 처한 상황에 깊은 좌절을 느낄 때, 그런 정서적 공허함을 메우기 위해, 필사적으로 학업에 몰두하고 일정한 성과에 집착할 수 있다. 어떤 분야에서 최고의 자리에 오르기 위해서는 수없이 많은 인간적인 희생을 감수하고 오랜 기간 극도로 헌신해야 한다. 영재 부모들은 의식적이든 무의식적이든 아이에게 그런 것을 밀어붙이고 있다. 하지만 그에 따른 대가는? 너무도 많은 영재가 높은 성취를 얻은 대가로 진정한 인간적인 관계를 만들어나갈 기회를 상실하고 있다. 특히 '애 늙은이'처럼 보이는 영재에게는 두드러진 점이다.

　어떻게 해야, 아이가 높은 성취동기를 유지하면서도 자신에 충족함을 느끼고 다른 사람과의 관계도 친밀하게 만들어나갈 수 있을까? 학업 과잉의 원인은 아주 어릴 때부터 생겨날 수 있다. 사람과의 관계가 아니라 성취를 지나치게 강조하는 것에서 오는 것이다. 부모들이 상장과 상패에 탐닉해왔기 때문일 수도 있고, 아이에게 큰 영향을 주는 사람이 학업 결과를 지나치게 강조했기 때문일 수도 있다. 본인 스스로 적대적인 환경 속에서 성과를 얻는 것을 자신의 피난처로 삼아왔기 때문일 수도 있다. 어떤 경우이든 결국 밑바닥에 흐르는 핵심 문제는 하나라고 할 수 있다. 성취 자체는 아이가 하나의 인간으로서 다른 사람들에게 인정받고 수용될 수 있는 궁극적인 이유가 되지 못한다.

학업 과잉으로 얻게 되는 모든 칭찬은 늘 꼬리표가 붙게 되어 있다. "좋았어. 하지만…" "네가 이런 식으로 했다면, 더 좋은 결과를 얻었을 것이다" 등등. 반복적으로 전달되는 메시지의 본질은 '잘했지만, 조금 부족한 것이 있어. 조금 더 잘하면 인정받을 수도 있다'는 뜻이다.

아이에게 성취동기를 불어 넣고자 하는 이 모든 노력과 메시지를 통해 우리는 조금씩 아이의 자아상을 깨뜨리고 있다. 우리는 아이가 좀 더 나은 판단력을 가져야 한다고 강요하고 있으며, 공개적이고 노골적으로 다른 아이들과 비교한다. 그러면서 학업에 대한 흥미가 아직 부족하고 행동이 모자란다고 다그치는 것이다.

우리의 목표는 영재가 신나고 유쾌하게 자신의 관심사를 개발하는 동시에 다른 사람들과 진실한 관계를 맺도록 돕는 것이다. 그러기 위해선 훈련이 필요하다. 특히 자발적인 훈련이 필요하다. 아이와 함께 부모도 노력해야 한다. 무엇보다 이 훈련은 아이의 확고한 자아상을 개발하기 위한 것이어야 한다.

Q 우리 아이는 선물을 줘도 협조하려고 하지 않아요. 어떻게 해야 스스로 하게 될까요?

A 선물과 보상은 다릅니다. 선물이란 자기가 하고 싶지 않은 것을 하도록 하는 것에 대한 미끼며 일종의 계약이라 할 수 있습니다. 아이는 이것을 거절할 만한 정당한 권리가 있습니다. 반대로 보상이란, 계약이 아니며 기분 좋은 꼬리표 없는 선물입니다.

Q 아이에게 상을 주어 버릇하면 아이는 당연히 해야 할 것을 하면서도 상을 기대하는 버릇이 생기지 않을까요?

A 영재의 경우는 그런 걱정을 덜 하셔도 됩니다. 영재는 자기 스스로 동기 유발이 잘되는 경향을 보입니다. 호기심이 많고 남들이 하지 않는 일을 함으로써 즐거워합니다. 문제는 다른 사람이 아이에게 뭔가 요구하기 때문에 생깁니다. 상이란 어떤 행동이 스스로 자기 것이 되기까지 맛을 보도록 유도하는 데 필요한 것입니다. 그런데 영재들은 가끔 물질적 보상에 대해 흥미를 느끼지 못합니다. 그럴 때 부모들은 좌절감을 느끼는데 아이들은 사랑받고 있다는 확신을 더 원합니다. 꼭 물질적인 보상이 아니

라 다양한 방법의 보상을 연구해서 베풀어보십시오.

Q 우리 아이는 자기 세계 안에만 틀어박혀 있어요. 우리가 원하는 것은 안중에도 없어요. 어떻게 하면 우리와 더욱 긴밀해질 수 있을까요?

A 아이가 중요하게 생각하는 것을 부모도 중요하게 생각한다고 느끼게 하면 됩니다. 아이의 능력에 의지해보는 것도 좋은 출발점이 될 수 있습니다. 아이가 부모의 삶을 더욱 풍요롭게 해준다고 자부하게 되면, 아이는 자기가 줄 수 있는 것이 가치 있다는 메시지를 받게 됩니다.

Q 우리 애는 하려고만 하면 모든 과목에서 '수'를 받을 수 있을 것 같은데 그러려고 하지 않아요. 어떻게 하면 될까요?

A 당신에게는 의미가 있을지 몰라도 아이에게는 별로 중요하지 않은 것 같군요. 처음 자동차를 소유했을 때를 생각해보세요. 부모님의 차를 몰고 다닐 때는 기름이 얼마나 드는지, 타이어가 얼마나 닳았는지 신경을 안 씁니다. 그러다 자기 차를 갖게 되면 완전히 달라지지요. 모든 것이 다 중요해집니다. 당신이 중요하게 생각하는 것과 아이가 중요하게 생각하는 것을 어떻게 연관 지을지 방법을 찾으십시오.

아이를 하나의 인격으로 대하고 아이의 성과에 관심을 가지면서 시작할 수 있습니다. 나름대로 얻은 성과에 대해 인정하고, 학과 공부는 마땅히 아이가 소화해야 한다는 것을 명확히 말하십시오. 처음부터 아이에게 좋은 성적을 강요해서는 안 됩니다. 그런데도 보통은 포기하지 않습니다. 강요를 포기하면 오히려 부모는 아이를 도와줄 수 있습니다. 과외 교사가 될 수도 있고, 연습 상대가 돼줄 수도 있습니다. 공부가 아이의 과제이고 그 성과는 본인의 것이라는 것을 확실히 인식하면 부모는 협력자, 지원자, 후원자가 되어 관계를 우호적으로 발전시켜나갈 수 있습니다.

Q 동기 유발은 어떻게 하죠? 우리 아이는 천문학에만 빠져 있어요.

A 동기 유발의 출발점으로 더할 나위 없이 좋은 것 같군요. 천문학을 기반으로 해 관심사를 얼마든지 발전시킬 수 있습니다. 수학, 물리학에 자연스럽게 관심을 두게 할 수 있겠어요. 외국 서적을 보려면 영어나 다른 외국어도 필요하겠군요. 외계 탐사 계획이 실현되려면 복잡한 정치 과정에 대해서도 알아야 한다는 것을 암시해줄 수 있겠지요. 아이가 중요하다고 생각하는 것을 함께 중요하게 느끼는 것이 좋은 출발점이 된다는 사실을 잊지 마세요.

사람들은 따라 배울 만한 모델이 없을 때 발전하지 못한다.
- 올리버 골드스미스

스스로 만들어진 인간이란 없다. 우리에게 친절한 행동을 한 사람들, 따뜻한 말 한마디를 건넸던 사람들이 내 안으로 들어와서 내 성격, 내 생각, 내 성공의 일부가 되는 것이다.
- 조지 매튜 애덤스

좋은 신체 상태를 유지하기 위해 운동이 필요한 것과 마찬가지로 윤리적인 건강을 유지하는 데 필요한 것이 있다.
- 자와할랄 네루

우리 모두 두 가지 교육을 받았다. 하나는 남에게서 받은 것이고, 다른 하나는 스스로가 자신에게 제공한 것이다. 후자가 훨씬 중요하다.
- 존 랜돌프

chapter 05
야단치지 말고 훈육하라

사람들은 훈육을 흔히 벌주는 것으로 생각한다. 야단치는 것, 혼내는 것을 가르침이요, 버릇 들이기로 생각한다. 맥콜이라는 학자는 어떤 식으로든 아이에게 벌을 주거나 혼내면 일시적으로라도 지능은 떨어진다고 했다. 생각하기도 싫은 일이지만 지속적인 체벌과 꾸지람은 아이를 얼마든지 바보로 만들 수 있고, 미치거나 죽음에 이르게 할 수도 있다.

훈육이란 벌과 꾸지람 이상이다. 아니면 그런 것과는 상관없는 것이다. 훈육을 벌과 꾸지람이라고 생각한다면 차라리 안 하는 것이 훨씬 낫다. 훈육은 북돋워주기, 가정적인 안정, 합리적이고 일관성 있는 제한 등으로, 혹독한 벌이나 꾸지람과는 다르다.

훈육과 벌을 구분해라

벌이란 시작부터가 부정적인 개념이고, 훈육은 긍정적인 개념이다. 훈육이란 아이에게 자기 통제력을 길러주어 결국에는 가치와 기준을 내재화 되게 하고 다른 사람들과 합리적으로 교제하도록 해주는 것이다. 서로 만족스럽게 대화하고 협력하는 힘을 길러주는 것이다.

궁극적으로 훈육이 추구하는 것은 스스로 목표를 설정할 수 있도록 돕는 것이다. 상대적으로 벌이란 외부에서 어떤 영향을 가하려고 하는 것이다. 영재는 일반적으로 자기 목표를 설정하려는 성향이 강하다. 호기심도 많고 감수성이 예민하고 동기 유발도 잘 된다. 이 아이들은 무언가 재미있고 가치 있다고 느끼면 극단까지 몰아가려는 경향이 강하다. 멈출 줄 모른다. 이건 대단한 의욕과 힘이지만 잘못된 방향으로 갈 때도 마찬가지다. 그렇기에 자신과 주변 사람들의 한계에 대해서 어느 정도 인식하고 수긍하는 법을 배워야 한다. 어른스럽고 절제된, 세련된 몸가짐을 배워야 한다. 자신이 스스로 정한 일정, 강도에 따르는 훈련, 자기 자신에 대한 통제하는 법을 익혀야 한다.

좋은 습관을 지니게 하기 위해 우리는 칭찬과 꾸지람을 한다.

때로는 자기 자신에게도 한다. 이런 것을 교육 심리에서는 '강화'라고 한다. 보통 사람들은 칭찬받고자 하고 꾸지람을 피하고자 한다. 그런데 종종 아이들은 어긋난 태도를 보일 수 있다. 마치 오히려 꾸지람을 받는 것을 목적으로 하는 듯한 행동을 보일 때가 있다. 어긋난 태도를 보이는 아이들을 이해하기 위한 첫 번째 열쇠는 아이의 목적이 무엇인지 듣는 것이다. 그리고 목적 자체를 있는 그대로 인정하는 것이다.

어긋난 태도는 자기를 괴롭히고 있다고 생각하는 것에 대한 복수심일 수도 있고, 부모에게 큰 관심을 받고 싶어 하는 것일 수도 있다. 아니면 어른들에 당당히 맞서는 모습을 보이고 싶은 영웅 심리일 수도 있다. 아이가 추구하는 목적은 우리가 보기에 불합리하거나 터무니없는 것일 수도 있다. 하지만 그것을 존중하지 않고서 협력을 얻어내기란 어렵다. 우리는 절대적인 영향력을 행사하고 싶어 하는 유혹을 받는다. 어른의 판단이 온당하고 장기적으로 이로울 것이란 고정 관념을 버리기는 힘들다. 하지만 그런 유혹을 버려야 한다. 아이 스스로 그런 판단을 할 수 있도록 도와주는 것 이상을 넘어서지 않도록 해야 한다. 아이를 대신해 판단하면 아이와의 '고집 싸움'이라는 함정에 빠지게 된다.

한계선을 정해라

규칙 혹은 한계, 기대를 명확하게 말하면, 아이는 어디까지 허용되는지를 확인하고 안정된 행동을 보일 수 있다. 나이가 어릴수록 안전 구역의 설정은 중요하다. 나이가 들면, 아이들은 자신의 가치와 한계, 기대치를 살펴 적절한 자기 통제를 해나간다. 한계선 설정은 자신을 통제해 나가도록 하는 데 아주 큰 도움이 된다.

모든 아이에게 한계선이 필요하다. 흔히 부모는 꼭 그런 것이 필요한지 못 미더워하고 아이가 그런 것쯤은 알아서 할 것이라고 기대한다. 하지만 아이가 아무리 영리해도 적절한 기준을 설정할 경험은 부족하다. 기준과 한계선이 없는 세상이란, 표식이 없는 지뢰밭과 같다. 아이는 어떤 짓을 하면 폭탄이 터지는지 모르기 때문에 불안하다. 급기야 일단 저지르고 보자는 마음이 되고, 이는 결국 커다란 말썽으로 이어져 어른을 격분하게 한다. 이때 아이는 어른이 미리 알려주었어야 한다고 생각한다.

아이는 어디에 지뢰가 숨어 있는지 알아내기 위해 여기저기 찌르고 다닌다. 위험 지역을 잘 표시해두면 아이들이 굳이 확인하고 다닐 필요가 없을 것이다. 그렇게 되면 아이들은 안심하고 자신들의 창의성과 능력을 안전한 지역에서 마음껏 발휘해 자신의 영역을 개척하고 능력을 개발해 마침내 한계선까지 나아갈 수 있을 것이다. 영재들은 대개 이런 발전이 빨라서 한계선 도착에 이른다. 하지만 간혹 얼마나 큰 폭발이 일어나는지 알고 싶어 일부러 한계선을 넘어가기도 한다.

여기서 꼭 알아야 할 것은 영재는 상대적으로 좀 더 적은 제한을 가해도 된다는 점이다. 성장하고 실험할 수 있는 공간을 제공하기 위한 한계선이지 감옥이 아니다. 영재들은 경험을 통해, 스스로 한계선을 설정하고, 조정하는 일을 빨리 배울 수 있다. 자신이 한 행동에 따르는 결과를 확인하면서 아이는 경험을 축적하고, 그 경험들을 바탕으로 판단력을 키우게 되는 것이다.

규칙을
지켜라

규칙이란 원래 잘 깨지기 마련이라, 질책과 칭찬이라는 강제적이고 인위적인 수단을 동원할 필요가 있다. 그러나 되도록 인위적인 수단보다는 규칙 위반을 통해 어떤 일들이 일어나며, 그 결과가 어떻다는 것을 보고 느끼게 해주어야 한다. 규칙이 부모 자식 사이의 권력관계가 아니라, 보호 수단이란 것을 깨닫도록 하는 것이 좋다.

무언가 제한을 두어야 한다면 왜 그것이 필요한지 이해시키고 일관되게 그리고 엄격하게 해야 한다. 대개 영재들은 타당한 이유가 있다고 수긍하면 규칙을 잘 따르는 편이다. 하지만 타당한 이유가 없거나 그저 어른들의 권위로 만들어진 규칙이라고 생각하면 순종하지 않는다. 규칙을 세웠다고 해서 융통성 없는 엄수를 강요할 필요는 없다. 감정적으로 지나치게 어려운 규칙을 정해도 안 된다. 예를 들어, "앞으로 6개월 동안은 절대 외출할 수 없어"처럼 누가 보아도 비현실적인 규칙 말이다. 처음부터 지킬 수 없는 규칙을 만들고 강요하면 신빙성만 떨어진다. 결국, 부모 스스로 규칙을 유명무실화하거나 위반해도 눈 감을 수밖에 없는 상황이 연출된다. 혹시 그런 일이 있다면 아이와 다시 의논하는 것이 현명하다. "어제 내가 규칙을 정하긴 했지만, 변경할 필요가 있을 것 같다"라고 말하는 것이다.

여기서 몇 가지 강조하자면, 규칙이나 제한은 되도록 적을수록 좋다. 굳이 아이와 규칙 위반으로 실랑이할 필요는 없다. 영재는 부모가 일관성을 갖는지 시험해보고자 하는 경향이 있다. 일관성이 있다고 느끼면 아이들은 규칙을 지키려 한다. 영재들은 말을 잘해서, 흔히 논쟁을 잘하고, 자신의 주장과 관점을 변호하려는 경향이 강하다. 그것을 부모의 권위에 대한 도전으로 보지 말고, 장차 스스로 자신의 규칙을 만들 수 있는 하나의 능력으로 존중하는 것이 좋다. 아이가 주장이 강하다면, 규칙과 한계를 정하는 데 본인의 의견을 반영하도록 한다. 그런 토론 과정을 통해 아이에게 다른 사람들과의 문제를 중시하는 습관을 만들어줄 수도 있다. 되도록 규칙은 자기에게만 영향을 주는 것이 아니라, 주변의 다른 사람들에게도 매우 중요하다는 것을 강조해야 한다.

최종 목표는 자기 훈련이므로 이런 제한 사항을 두는 것이 궁극적으로 어떤 이득이 있는지 깨닫도록 유도해야 한다. 그리고 여러 가지 능력이 향상되면 규칙과 한계를 재조정하는 일을 잊지 말아야 한다. 영재들은 특히 이런 재조정 작업을 좋아하는 경향이 있다.

순리에 따라라

순리에 따르는 것이 좋은 교육법이 될 수 있다. 뜨거운 주전자에 손을 내미는 아이에게 아무 설명 없이 못 하게 하거나 눈을 부라리기보다 김이 피어오르는 것에 눈길을 주고 손가락 끝으로 살짝 그 뜨거운 맛을 보도록 하는 것이 훨씬 효과적이다. 알아듣든 못 알아듣든 말과 행동으로 설명해 적극적으로 메시지를 전달하고 동의와 수긍을 얻는 것이다. 그래도 경험을 원하면 제한된 범위 내에서 경험할 수 있도록 허락한다. 그러면 아이는 부모에 협력하고 의심하지 않는다. 몇 차례 그러한 경험이 쌓이면 부모에 대한 신뢰가 강화되고, 어느 시기에 이르러서는 특별한 설명이 없어도 쉽게 믿고 따르게 된다.

이런 접근 방식은 아이가 부모를 보호자, 후원자, 도우미같이 긍정적인 역할을 한다는 것을 강조하는 이점이 있다. 예를 들어, 아이가 학교 숙제는 매우 지루하고 큰 도움이 되지 않는다고 할 때, 부모가 학교에 전화해서 그런 숙제를 하지 않도록 한다거나, 반대로 그래도 숙제는 꼭 해야 한다고 설득하는 것은 둘 다 바람직하지 않다. 아주 극단적인 경우가 아니라면 끼어들지 않는 것이 낫다. 스스로 숙제를 하지 않고 교사로부터 불이익을 받던지, 적당한 수준에서 숙제를 끝마칠지 결정하도록 하고, 부모는 그런 결정에 대해 조언자 역할을 하는 것이 좋다.

이런 방식은 부정적인 문제뿐 아니라 긍정적인 측면에도 도움이 된다. 아이가 어떤 노력을 쏟아, 한 가지에 성공하면, 그만큼 보상과 칭찬이 따른다는 것을 스스로 경험하도록 하는 것이다. 성취했을 때, 적극적으로 인정하고, 좀 더 다른 방식을 시도한 것을 언급하는 것으로 격려할 수 있다. 양육에 있어 인과응보 경험은 드레이커스 Dreikurs, 1958; 1964 논문에 아주 자세히 설명돼 있다.

너무 위험하거나 적절한 상황이 아닐 때는, 체벌 기준을 정하는 것이 더 나을 때도 있다. 그럴 때는 칭찬과 질책에 몇 가지 원칙을 지켜야 한다. 훈육과 벌은 다른 것이다. 벌준다는 것은 무언가를 하지 말라고 하는 것이다. 따라서 벌을 주면 필연적으로 분노, 노여움, 반발심을 갖는다. 아이 스스로 자기의 행동을 평가하는 습관을 배우지 못하게 된다.

칭찬하기

훈육이란, 보통 한계선 긋기, 칭찬, 적절한 처벌로 이루어진다. 흔히 아이를 훈육할 때, 잘한 일에 대한 보상을 잊는데 반드시 해야 한다. 벌보다 보상이 강력한 동기 유발 효과가 있다. 영재들은 감수성이 예민해서, 말로 하는 질책이든, 체벌이든 아주 가벼운 벌에 대해서도 오래 영향을 받는다.

칭찬은 매우 강력한 효과가 있는데도, 보통 부모들은 좀처럼 칭찬에 투자하지 않는다. 그건 우리 자신이 부모에게 칭찬받아 본 경험이 너무 적어서 어떻게 해야 할지 잘 모르기 때문이다. 어떤 경우, 대부분 말치레에 불과하고, 해줄 수 있는 칭찬의 종류가 몇 개 되지 않기 때문이기도 하다. 영재들은 다양한 것을 좋아하기 때문에 똑같은 칭찬을 반복하면 금방 효과가 떨어진다.

그렇다고 계속 칭찬만 하라는 것이 아니다. 중요한 규칙을 어기고, 위험한 한도를 넘어서면 당연히 벌을 주어야 한다. 그러나 길게 보면 칭찬이 훨씬 효과가 있다. 아이에게 스스로 능력을 갖추었다는 메시지를 전달하기 때문이다. 자신의 능력을 확신하는 아이가 책임감도 적극적으로 받아들인다.

 칭찬하는 말들

도와줘서 고마워.
훨씬 좋아졌구나.
이건 박수를 받을 일이야.
멋지구나
네가 자랑스럽다.
정말 잘했다.
진짜 좋아졌네.
이제는 할 수 있구나.
기막힌 결과다.
재미있는 말을 하는구나.
예술이다.
참 쉽게 해내는구나.
똑똑해. 감동했어.
진짜 현명한 판단이었다.
거의 성공이다.
빨리 배우는구나.

끝내주는구나.
매일 좋아지는구나.
아주 능숙하구나.
너랑 일하면 정말 재미있구나.
축하한다.
최고. 최고. 최고야
야! 환상이다.
정말 참신하다.
멋진 마무리야.
멋진 시도야.
포기하지 않는 모습에 감동했다.
스스로 만족해도 될 만한 일이야.
나한테는 꽤 어렵던데.
서둘러 일을 마무리하니 고맙구나.
중요한 사람이 되었어.
무슨 어린아이가 이렇게 점잖지?
네 동생을 가르쳐도 되겠구나.
너는 나의 기쁨이야.
네가 없다면 해내지 못했을 거야.
정말 큰 도움이 되었어.
벌써 계획이 있었구나.
사려 깊은 너에게 정말 고마움을 느낀다.

감정을
배려해라

 훈육에 관련된 문제가 발생하면, 사건보다는 그것을 둘러싼 감정을 살펴야 한다. 먼저 감정적인 문제를 배려해야, 의사소통이 이뤄지고, 아이도 무언가를 배우게 된다. 아이가 강한 감정에 휩싸여 있을 때, 논리나 명쾌한 사고력을 기대하기 어렵다. 부모가 먼저, 어떤 일을 일으키게 된 감정과 사건 자체를 구분해 대응하면, 아이도 두 가지를 구분하는 법을 자연스럽게 배운다. 또 부모가 벌하는 역할이 아니라 함께 문제를 풀어나가는 동맹군이라고 믿게 된다. 같은 편이 되었을 때 혹은 같은 편이 될 수 있다고 믿을 때, 훈육은 훨씬 잘 이뤄진다. 때로 자기의 감정을 스스로 확인하고, 부모가 과연 자기편인지 확인하고 싶어서 문제를 일으키는 예도 있다.

 때로 우린 훈육을 강조하고, 아이와의 관계에 소홀해진다. 그렇게 하면 당장은 아이가 규칙을 지키겠지만, 자신의 가치관에 뿌리를 둔 자기 훈련의 습관은 만들어지지 않을 것이다. 자기 훈련의 가치는 더욱 장기적이고 오래간다는 것을 기억해야 한다. 무서운 교관은 훈련병들을 꼼짝 못 하게 하지만, 분리되는 순간 훈련병은 교관과의 관계를 영영 끝내려고 한다. 감정싸움에 빠지면 부모 자식 사이의 협력적인 관계는 사라지고, 자칫하면 관계 자체를 무너뜨릴 수도 있다. 아이는 내부에 분노를 쌓는다.

영재는 보통 고집이 세기 때문에, 이 점을 반드시 마음에 두고 있어야 한다. 영재들은 보통 아이들보다 여러 가지 가능성을 보는 눈이 발달해 있어서 고집 싸움에 나서려는 경향이 강하다. 만약 부모가 아이를 한 가지 선택밖에 없는 상황으로 몰아넣으려 한다면, 그건 둘 중 하나만 이기고 다른 한쪽은 지는 상황을 만드는 것이다. 이런 완전 승리와 패배밖에 없는 상황은, 같이 협력해서 공통의 목표를 추구하는 상황에서 멀어지게 한다. 물론 아이의 감정이 다소 상하더라도 당신의 해결책만이 아이의 인생에서 필요한 때도 있다.

선택권을 줘라

영재는 선택해야 할 상황을 아주 빨리 경험하게 되며, 그 선택을 통해 성장한다. 선택해야 하는 상황은 아이들에게 자신의 가치를 개발할 수 있게 해주며, 자신의 힘을 깨닫게 한다. 따라서 아이들에게 선택할 기회를 되도록 많이 제공할 필요가 있다.

아이에게 선택할 수 있는 것들이 어떤 것이 있는지 일깨워주고 선택하도록 하면, 아이는 스스로 행동에 책임지는 자세를 익히게 된다. 하지만 그런 선택은 진정한 것이어야 한다. 예를 들어, 아이에게 파상풍 예방 주사를 맞을 것인지 물어볼 필요는 없다. 주사를 맞지 않으면 아이는 치명적인 질병에 걸릴 위험이 커지므로, 아프더라도 예방 주사는 맞아야 한다. 따라서 그건 진정한 선택의 문제는 아니다. 하지만 왼쪽 팔에 맞을 것인지, 오른쪽 팔에 맞을 것인지는 선택하게 할 수 있다. 사소한 것이지만, 아이는 어떤 한도 내에서는 자신에게 선택의 여지가 있다는 것을 느끼게 되므로, 스스로 상황에 변화를 줄 수 있다고 느낀다. 마찬가지로 자신의 방을 치울 것인지 말 것인지는 선택의 여지가 없지만, 간식 전에 치울 것인지, 간식 후에 치울 것인지는 선택하게 할 수 있다.

많은 경우, 부모들은 아이가 할 수 있는 선택조차 자신이 대신한다. 이미 자신이 결정한 상황대로 강제하면서도 마치 아이가 선택할 수 있는 상황인 것처럼 말하기도 한다. 아이가 선택할 수 있는 것처럼 의견을 물어본 다음, 결국은 부모의 의견대로 하지 말고, 실제로 부모가 수용할 수 있는 여러 가지 선택 조건들을 주고, 아이가 선택한 것은 그대로 수용해야 한다. 아이에게 선택할 여지를 제공함으로써, 한쪽은 이기고 다른 쪽은 완전히 굴복해야 하는 갈등 상황을 회피해 갈 수 있다. 동시에 건강한 독립성과 자기 훈련을 할 수도 있다.

아이에게 선택의 여지를 주긴 하지만, 결국 어떤 선택도 아이가 굴복하는 상황을 만드는 것도 '거짓 선택 조건'이라 할 수 있다. 이미 부모가 결정한 것을 암시해서 아이가 마음대로 선택하지 못하게 만드는 것이다. 아이는 자기가 진짜 좋아하는 것을 선택하면 부모가 안 좋아할 것을 뻔히 알고 있다. 결국, 선택할 수 있다고 강변하는 부모에 반발할 것이다. 예를 들어 "양로원에 계신 할머니를 문병하러 가겠니? 아니면 이기적으로 빈둥거리며 친구들과 놀겠니?"라고 물으면, 아이는 무엇이라 하겠는가? 불평조차 할 수 없는 상황이 돼버린다. 심지어는 불만스런 표정이나 태도를 보이는 것조차 비난의 대상이 되기 때문에 아이는 그런 부모의 태도에 속으로 분개한다.

긍정적인 훈육 방법

잘못된 행동보다 동기에 주목한다

말썽부리는 것에 감정적으로 대응하면 상황이 더 꼬인다. 건설적으로 대응하기 위해서는 아이가 필요로 하는 데 제공되지 않은 것이 있는지 살펴야 한다. 아이의 동기를 이해한다고 해서 말썽부리는 것을 허용한다는 것은 아니다. 예를 들어 "선생님 욕을 하는 것이 나쁜 일인지는 알지만 그렇게 하면 내가 머리가 좋고 힘이 있는 것 같은 기분이 들어"라고 말했다고 하자. 실제로 그런 경우도 있다. 일단 아이의 마음을 알게 된 것은 좋은 일이다. 그리고 아이 스스로 고백할 수 있었다는 것도 아주 좋은 징조이다. 하지만 선생님을 계속 비판하도록 허용해도 좋다는 것은 아니다. 아이가 원하는 것은 자신의 능력과 지적인 가능성에 대한 칭찬과 인정이다. 그런 아이의 욕구를 인식하고 실제로 그런 칭찬을 해서 정서적 욕구를 충족시켜주어야 한다. 그러나 선생님에 대한 욕은 옳지 못하다는 것을 따끔하게 지적해야 한다. 그리고 더는 하지 않도록 주지시켜야 한다.

바라는 행동을 미리 칭찬한다

이 방법은 영재에게 특히 효과적일 수 있다. 예를 들어, 장난감을 갖고 놀다 바깥으로 나가는 아이에게 "장난감을 치우고 나가려고 하는구나. 착하기도 하지"라고 하면, 아이는 장난감을 치우고 나가야 한다는 것을 깨닫게 된다. "방 안을 엉망으로 해놓고 그냥 나가려고?" 하는 것보다는 더 효과가 있다. 아이는 때로 "사실은 그냥 나가려고 했어요"라며 양심의 가책을 느낄 수도 있다. 그럴 때는 "그랬니? 장난감을 치우고 나가면 좋겠구나" 하는 정도로 되받아주면 충분하다.

말보다 글을 이용한다

바람직한 행동이나 버릇을 갖도록 하고, 나쁜 버릇을 버리게 하는 것은 '강화'라고 한다. 간단한 메모는 이러한 강화에 아주 효과적일 수 있다. 영재는 대단히 예민하고 민감한 경우가 많다. 따라서 직접 대면해 심리적인 긴장을 높이는 것보다는 간접적인 의사 전달로 스스로 생각할 수 있는 여유를 주는 것이 더 좋다. 본인 스스로 다른 대안이나 의견을 생각할 기회를 줄 수 있다.

아이가 아닌 행동을 평가한다

아이를 질책하거나 칭찬하는 것보다는 아이의 행동을 칭찬하거나 질책하는 것이 좋다. 좋은 성적을 냈을 때, "너는 천재야" 하는 것보다는 "이번 성적은 참 좋구나"가 낫고, "이 말썽꾸러기야"보다는 "그런 말썽은 정말 고약하구나" 하는 것이다. 그게 무슨 차이가 있을까? 아이와 행동을 서로 다른 객체로 분리하고 아이가 자기 행동을 평가하도록 하는 것이다. 그래서 스스로 평가하고 선택할 수 있도록 하면, 주체적인 자기 정체성을 강화하는 효과가 있다.

성적으로 아이를 평가하지 않는다

부모라는 존재는 아이에게 절대적이다. 시험 성적도 중요하지만, 그 성적으로 부모의 평가를 받는 상황은 아이에게는 또 다른 긴장을 준다. 시험과 성적으로 스트레스가 많은 사춘기 아이를 극단으로 몰고 가기도 한다. 하지만 조금 생각해보면 시험과 성적은 본질적인 문제가 아니다. 성적으로 받는 스트레스와 좌절이 문제다.

흔히 부모는 성적을 아이의 가치와 연계시킨다. 아이는 자기의 가치를 증명하기 위해 경쟁적으로 좋은 성적을 보여주어야 한다. 영재라 하더라도 부모의 욕심을 완전히 충족시킬 수 없다. 아이는 시험 성적과 관계없이 가치 있는 존재다. 아이는 나쁜 성적을 거두어도 귀중한 존재다. 시험 성적은 부모와 아이가 같이 평가할 수 있는 대상 중 하나다. 어떤 결과를 얻어도 부모와 자식 사이의 애정은 달라지지 않는다는 것을 확실히 알려 주고 믿게 해야 한다.

'성적'이든 '버릇'이든 아이가 자기의 행동, 행위를 객관적으로 보고 평가할 수 있게 되면 아이는 당연히 좋은 선택을 할 것이다. 무엇이 됐든 객체로 평가되지 않고, 아이와 동일화되면 아이는 그것을 객관적으로 평가할 수 없게 되고 무력감을 느낀다. 영재라 하더라도 정서적으로는 어린아이고 그만큼 감수성이 예민한 상태이기 때문이다.

자기 느낌을 적극적으로 표현하게 한다

자신의 감정을 적극적으로 표현하는 아이일수록 의사 표현의 중요성을 깨닫는다. 그러면서 자기 정체성 혹은 자아가 강화되는 것이다.

부모의 느낌도 적극적으로 전달한다

아이의 행동을 직접 비난하기보다는 그 행동으로 부모가 느끼는 감정을 표현하는 것이 좋다. 예를 들어, "너는 정말 말썽꾸러기야"보다 "네가 말썽을 피우면 엄마는 정말 슬퍼져"가 더 낫다. "너는 천재야"보다는 "네 솜씨를 보니 아주 기쁘구나"라고 느낌을 전달하는 것이 좋다.

행동 계약서를 작성한다

아이가 몸이 불편한 친구를 돕기 위해 귀가 시간을 어겼다. 남을 돕는 바람직한 태도와 규칙 위반이라는 상황에 놓였다. 어디까지가 아이에게 허용된 자기 생활이고, 어디까지가 부모의 통제를 따라야 하는 한계점인지 불분명한 상황이 일어날 수도 있다. 이런 때는 아이와 머리를 맞대고 일종의 시행세칙을 짜도록 한다. 아이의 주장도 듣고 대안도 허용한다. 서로 만족할 수 있는 수준으로 양보도 하고 타협안도 내놓아서 확인한다. 그런 다음 이 계약서를 근거로 아이가 한계를 넘으면 그에 상응하는 벌을 주고, 일정 기간 잘 준수하면 아이의 재량권을 확대하는 쪽으로 상을 줄 수도 있다.

복종보다는 합의하는 관계를 만든다

부모들은 흔히 아이와 고집 싸움을 벌인다. 아이는 부모 말에 무조건 복종해야 한다고 생각해선 안 된다. 대부분은 아이들의 판단보다는 어른의 판단이 장기적으로 정확하다. 하지만 지배 복종 관계보다는 협조와 합의라는 방식이 더 생산적이다. 부모는 아이를 끊임없이 설득하고 아이의 주장을 충분히 경청할 필요가 있다. 아이에게 인격적인 대우를 충분히 제공할수록 아이의 자아가 강화되고 자기주장과 권리를 확보할 수 있는 능력을 갖추게 된다.

기대치를 명확히 전달한다

어른들은 아이가 알아듣기 어려운 표현을 하고 그것으로 아이가 충분히 이해했다고 생각한다. 아이에게 어떤 것을 지시했다면 아이가 그 내용을 다시 말하도록 해서 의사 전달을 명확하게 한다. 확인은 아이가 목표를 달성하는 데 큰 도움이 되고 성공 확률을 높여준다. 불필요한 혼란과 당혹을 없앨 수 있다.

스킨십을 자주 한다

아이의 팔이나 어깨를 쓰다듬으며 이야기하면 집중 효과가 크다. 엄격하게 금지할 때, 아이에게 그 강도를 전달하는 데도 스킨십은 효과적이다. 부드럽고 따뜻하게 혹은 단호하게, 다양한 형태로 부모의 기대와 애정을 전달할 수도 있다.

부모의 믿음을 전달한다

아이는 처음에는 어떤 일을 제대로 해낼 수도 없고 복잡한 가치 판단 능력도 없다. 하지만 일련의 훈련과 경험을 통해 자라나고 커질 수 있음을 믿어야 하고, 그런 믿음을 갖고 있다는 것을 말해야 한다. 강력한 믿음을 지속해서 표현하면 아이는 점점 자신감 있게 스스로 훈련하고 실제로 잘할 수 있게 된다. 발전을 보이면 바로 평가하고 격려해야 한다.

단계적 발전을 칭찬한다

어느 수준에 이르기 전까지는 칭찬을 아낀다는 생각은 칭찬에 인색한 자기변명일 뿐이다. 작은 발전에도 격려와 칭찬을 바로 하고, 퇴보에 대해서는 위로하고 다시 발전할 것이라는 믿음을 보여주어야 한다.

부정적인 훈육 방법

다음과 같은 방법들은 오히려 문제를 증폭시킨다. 특히 영재의 경우에는 더 심한 부작용이 일어나기 쉽다.

장점과 비교해 꾸중하지 않는다

"그렇게 똑똑하면서 왜 쓰레기 치우는 것을 번번이 잊어버리니?" 이런 꾸중이 반복되면 아이는 우수한 지능이 오히려 자기에게 불리하게 작용한다고 믿게 된다. 지적 능력을 숨기거나 적극적으로 발휘하지 않게 하는 요인이 된다. 아이가 잘못을 정직하게 말했을 때, 그에 상응하는 관용을 보여주어야 한다. 부모에게 정직하게 고백하는 행위는 이해와 동정을 기대하는 것이다. 그런데 냉정한 반응을 보이면 아이는 절망감을 느낀다.

독재자가 되지 않는다

이 말은 부모가 어떤 것을 명령했을 때 즉시 당장 그 말에 따르기를 강요한다는 것이다. 아이도 하나의 인격체로 존중돼야 한다. 따라서 아이가 무언가에 몰두하고 있다면 아이가 그곳으로부터 빠져나올 수 있는 시간을 주어야 한다. "이제 잘 시간이 되었으니 15분 이내에 컴퓨터 게임을 끝내도록 해라"라고 해야 한다. 말이 떨어지기 무섭게 후닥닥 멈추기를 기대한다면 부모는 독재자가 되어 있거나 그러기를 원하는 것이다.

극단적인 표현이나 최후통첩 같은 말도 피해야 한다. 절대로, 언제나 같은 말도 대부분은 과장일 경우가 많다. "언제나 그 모양이니" "절대로 다시는 늦잠 자서는 안 돼"라고 말하면 아이가 부모 말에 지배돼 행동하거나 사고에 경직성을 갖게 된다.

빈정거리지 않는다

조롱이나 빈정거림은 부모의 명령이 제대로 아이에게 전달되지 못하고 있다는 방증이다. 부모는 아이가 즉각 반응하지 않는 것이 불만스러울 수 있지만, 시간과 인내를 갖고 설득함으로써 아이가 자발적으로 따르도록 해야 한다. 영재일수록 조롱이나 빈정거림에 민감하고, 상처받을 가능성이 크다. 아이에게 조롱이나 빈정거림을 배우게 하는 부작용도 나타난다. 부모와 아이가 서로에 이러한 버릇을 갖게 된다는 것은 한마디로 재앙이다.

잔소리하지 않는다

빈정거림과 잔소리의 본질은 같다. 자기 의사를 전하거나 관철하고 싶지만 잘되지 않기 때문에 상대를 계속 자극하는 것이다. 먼저 아이의 좋은 습관 형성을 위해서 지도와 편달^{회초리}이 필요하겠지만, 거의 같은 내용으로 장시간 반복하는 것은 효과가 떨어진다. 하지만 부모는 특히 어머니들은 불안한 마음과 만족스럽지 못한 결과 때문에 장시간 꾸중을 하게 된다.

아이가 떼를 부리고 계속 자기 요구 사항을 고집하면 어떻게 해야 할까? 특히 영재는 언어 발달이 빨라서 아주 다양하고 허를 찌르는 주장과 기발한 방법을 동원해 부모를 괴롭힐 가능성이 크다. 드레이커스라는 학자가 아주 효과적인 방법을 권했다. 화장실에 읽을거리를 비치하고 아이가 떼를 부리기 시작하면 아무런 대꾸 없이 화장실로 들어가 책을 읽는 것이다. 아이가 계속 떼를 쓰고 화장실 문을 두들겨도 반응을 보이지 않는다. 떼쓰는 소리를 멈추면 화장실에서 나간다. 다시 떼를 쓰면 아무런 대꾸 없이 화장실로 돌아간다. 몇 차례 이런 방법을 사용하면 아이는 다른 방법, 보다 합리적이고 의사소통이 가능한 방법을 모색

한다. 뜻밖에 대단히 효과가 높다고 한다.

생각 없이 농담하지 않는다

이웃이나 친척들에게 생각 없이 아이 이야기를 하지 않아야 한다. 부지불식 간에 아이의 약점에 대해 말할 수도 있고 우스꽝스럽게 표현될 수도 있다. 당연히 조심해야 할 사항이다. 그런 모습을 보이면서 아이에게 부부 싸움에 대해 절대 말하지 말라고 하면 아이는 수긍하지 못한다.

불합리한 체벌은 피한다

부모의 기분에 따라 꾸중이나 체벌을 가하고, 아이에게 설명할 기회를 주지 않는 경우가 있다. 부모의 권위를 제한 없이 주장하고, 물리적인 힘으로 자기 의사를 강요하는 때도 있다. 더 큰 문제는 부모 자신은 그런 자신의 모습을 깨닫지 못할 수도 있고, 정신적인 문제를 안고 있을 수도 있다는 것이다. 아이에게 분노, 불신, 권위에 대한 반항을 심어주게 된다. 이런 환경에 아이가 오래 방치되면 적절한 자아 형성, 적극적인 자긍심이 생길 수 없다. 궁극적으로는 비행과 범죄로 이어질 수도 있다.

Q 자율을 강조하지만, 아이가 스스로 시작한 것도 제대로 마무리하지 않아요. 우리 애는 한 백여 가지 일을 벌이는 데 몇 개를 빼놓고는 끝내는 것을 본 적이 없습니다. 일단 시작한 것은 끝내도록 하는 것이 제대로 된 훈육이라 할 수 있지 않나요?

A 많은 영재 부모와 같은 문제를 느끼시는군요. 자율이란 것은 대부분 아이가 성장하면서 형성된다는 것입니다. 우리가 어렸을 때를 돌이켜보세요. 많은 계획이 굳이 끝을 볼 만한 가치가 없는 것이었습니다. 어떤 것은 아이가 감당하기 어려운 너무 무리한 것일 수도 있고, 어떤 계획은 굳이 계속할 필요가 없는 것이기도 합니다. 그래서 완성에 집착할 필요가 없는 경우가 많습니다. 우리는 지나치게 결과에 집착하는 문화에 길들어졌습니다. 우리의 기대치에 대해 스스로 점검할 필요가 있습니다. 자율적인 훈련이 실제로 진행되고 있는데 우리가 원하는 방법이 아니라 아이의 자기 훈련을 인정하지 않는 경우가 많습니다. 많은 경우, 영재들은 어떤 일에 흥미를 느끼면 많은 좌절을 하더라도 끝까지 해보려는 의지를 보입니다. 끈기와 고집이 있음을 증명

해줄 것입니다. 때때로 영재도 너무 어렵거나 불투명한 결과로 쉽게 포기할 수 있습니다. 누군가가 아이에게 의욕을 꺾는 부정적인 말이나 태도를 계속해서 보였을 수도 있습니다. 어떤 경우는 약간의 자극이 필요할 수도 있습니다. 앞에서 다룬 동기 유발에 관한 장을 참조하시기 바랍니다.

Q 우리 애가 좀 어른스러워졌으면 하는데요. 뭔가 방법이 없을까요?

A 가끔은 아이가 조금 덜 튀고 얌전했으면 하는 심정, 이해가 됩니다. 영재의 호기심, 활력, 질문 공세 등은 아주 곤혹스러운 상황을 만들곤 합니다. 하지만 용기를 가져야 합니다. 영재들은 조금 다른 박자와 보폭을 갖지만 거의 모든 경우 어른스러워집니다. 영재들은 자신의 행동으로 생겨날 수 있는 여러 상황에 대해 추론하거나 예측할 수 있는 잠재력이 있습니다. 아이에게 자기감정 조절을 어떻게 하고, 다른 사람들은 어떻게 느끼는지 친절히 설명하면 아이는 부모의 어려움을 덜어 주는 데 협조할 것입니다. 그러면서 자기 스스로 좋은 인상을 형성할 수 있는 방향으로 조절할 수 있게 됩니다.

Q 무언가 훈계하려고 하면 말꼬리를 잡고 아주 세세한 부분에서 허점을 찾아 자기방어를 합니다. 영재는 다 그런가요? 어떻게 해야 합니까?

A 맞습니다. 영재의 전형적 특징 중 하나입니다. 그 점에서 영재의 부모는 특별한 인내가 필요합니다. 규칙의 세세한 조항에 신경 쓰기보다는 가능한 한 훈육의 목적이 무엇인지 이해시키는 것이 좋습니다. 가장 중요한 것은 인내와 관용입니다. 아무리 얄미워도 아이를 하나의 인격체로 대우하고 부모가 갖는 무한한 애정을 표현해야 합니다. 그러면 차츰 말장난에 몰두해 미꾸라지처럼 이리저리 빠져나가는 행동을 멈출 것입니다.

Q 우리 애는 학교가 너무 심심하다고 합니다. 차라리 혼자 공부하는 것이 낫다고 하는군요. 선생님보다 자기가 오히려 아는 것이 많다고 느끼는 것 같아요. 이러다가 낙제하지 않을까요?

A 실제로 많은 영재가 낙제합니다. 중요한 것은 아이의 좌절감을 부모가 이해하고 있다고 느끼게 하는 것입니다. 조심스럽

게 아이가 어떤 대안을 갖는지 물어볼 필요가 있습니다. 그리고 아이가 스스로 이 문제를 해결할 수 있을 것이라는 확신을 전달해야 합니다.

모든 노력을 기울였음에도 결국 학교를 그만두어야 하는 상황이 생길 수도 있습니다. 그럴 경우, 오히려 그 기회를 잘 활용하도록 도와주도록 하십시오. 더욱 자유로운 학습을 권하고 대화가 끊어지지 않도록 해야 합니다. 그렇게 매일 노력하다 보면 자신감과 자족감을 얻을 수도 있고, 학교생활이 왜 필요한가를 스스로 깨닫게도 됩니다. 다행스러운 것은 영재들은 어느 시기가 되면 정상적인 생활로 쉽게 복귀하고 그동안 잃어버렸던 기간을 아주 짧은 시간 내에 회복한다는 사실입니다.

기억하라, 행복은 당신이 지금 무엇을 가졌는지가 아니라, 당신이 무엇을 생각하는지에 달려 있다는 것을.

— 데일 카네기

사람들은 어떤 일로 걱정하는 것이 아니라, 어떤 일에 대한 생각으로 걱정에 빠져든다.

— 에픽투테스

불운을 기대하는 것만큼 뒤틀리고 어리석은 일은 없다. 그것이 닥치기도 전에 최악을 기대한다는 것은 얼마나 정신 나간 짓인가?

— 세네카

변변치 못한 사람은 걱정되면 흥분한다.

— 에디스 벙커

chapter 06
스트레스에
유연하게 대처해라

영재는 독특한 스트레스에 노출돼 있다. 사람들은 '머리 좋은 아이들은 알아서 잘하겠지'라고 생각하지만 그 아이들도 아직은 정서적으로 성숙하지 못한 상태다. 그런 의미에서 보통 아이들과 다를 바가 없으므로 보살핌이 필요하다. 스트레스라는 말을 다시 정리해보자. 사람들은 흔히 '짜증 나는 것들'을 '스트레스'라고 한다. 스트레스를 '환경이 너무 크게 변해 힘들어하는 상태'라고 할 수도 있다. 예를 들어, 날씨가 갑자기 추워지거나 더워져도 스트레스가 된다. 단 스트레스는 상대적이다. 사람에 따라서는 아주 잘 견디고 그다지 큰 스트레스라고 여기지 않을 수도 있다. 여러 차례 경험해 어떻게 대처해야 하는지 알면 스트레스라기보다는 일상적인 변화로 받아들일 수도 있다.

영재 스트레스의 특징은 '어울리지 않는 곳에 서 있는 느낌'이라고 할 수 있다. 영재 스트레스의 전형적인 특성으로 볼 수 있다. 주변의 사람들보다 생각의 속도가 빠를 뿐이다. 이것을 이해하지 않으면 아이는 심각한 정신적 고립 상태에 빠지게 된다. 이런 고립감은 어느 정도 환경에 따라 달라지기도 하고, 어느 정도는 절대적이다. 고도 지능아는 어떤 환경에서도 고립감을 감수해야 할 것이다. 지수 160 이상의 아이는 어떤 곳에서도 적응하기가 쉽지 않으며, 지능에 수반되는 독특한 스트레스에 시달리게 된다. 이런 아이들은 거의 모든 환경에서 이방인이 된다.

인내심 기르기

인생을 살다 보면 머리로 해결 안 되는 문제들이 있다. 의지를 갖고 결단을 내려야 하는 일이 있고, 다른 사람과 타협해야 하는 때가 있다. 계산해 답이 나오는 것이 아니고 어떤 것을 결단하고 참고, 일관되게 밀고 나가야 한다. 이런 일은 어린아이에게 커다란 도전으로 보인다. 문제는 너무 어린아이가 그런 도전을 이겨내야 한다는 것이다. 부모나 교사, 이웃에게 영재는 종잡기 어려운 존재로 보일 수 있다. 어떤 때는 깜짝 놀랄 만큼 어른스러운 이야기를 하다가 어떤 때는 지극히 유치한 욕심을 부리기도 한다. "너는 결국 어린아이에 불과해"라는 식으로 어른들이 아이에게 자기의 권위를 내세우는 일도 있다.

영재는 보통 아이보다 더 이른 시기에 의지의 결단과 타협을 익혀야 한다. 부모가 도와주면 더 쉽게 배울 수 있다. 좌절과 스트레스를 느껴보고 그것을 극복하는 경험이 필요하다. 당장 해결되지 않는 문제를 한동안 안고 가면서 기다리다 보면 극복하는 훈련이 돼 위기 상황을 회피할 힘이 생긴다.

적당한 스트레스를 즐기도록 해라

사람에 따라 다르긴 하지만 누구나 어느 정도의 스트레스는 일상적으로 받는다. 목표를 설정하고 그에 도전하게 되어 스트레스는 오히려 우리 발전에 도움이 되고 그 과정은 오히려 즐거움이 될 수 있다. 목표가 없으면 성취의 만족감도 없고, 자신감과 자긍심이 개발되지 않거나 줄어든다.

균형 있는 목표 설정과 도전을 할 수 있도록 아이들을 도와주어야 한다. 적당한 중간 목표를 세우는 것도 좋다. 아이들은 어떤 일에 도전해 보거나 동기 유발이 되기 전까지 자기가 어디까지 할 수 있는지 알지 못한다. 많은 선생님, 체육 지도자가 공통으로 지적하는 내용이다. 핵심은 아이들이 실험적인 정신을 갖고 새로운 것들에 도전하도록 하는 것이다. 또 자기 스스로 제대로 평가하도록 하는 것이다. 가능하다면 그런 경험을 부모와 함께 해보아야 한다. 이런 경험을 갖기 전에는 영재라도 자긍심, 자부심을 스스로 지켜나가는 일에 서투르다. 이것을 제대로 못하면 우울증에 빠질 가능성도 크다.

스트레스를 감당하게 해라

어떤 종류의 스트레스는 아이들이 감당하기 어려운 것이다. 아이에 대한 잘못된 인식, 아이의 예민한 감수성, 친구들 관계 등에서 그런 스트레스가 생겨난다. 아이와 가장 많은 시간을 보내는 사람과 윤리적인, 지적인 관념이 크게 다른 경우에도 아이는 스트레스를 받는다. 평범한 아이들은 어린아이답게 현실을 인식하고, 개인적인 관심에 머무른다. 그러나 영재는 그것과는 다른 아주 추상적이고 광범위한 문제에 대해 고민을 할 수 있다. 세계의 식량 부족, 경제적인 불평등, 높은 이혼율을 걱정하기도 한다.

아이가 남다른 재능을 보이면 어른들은 이것을 확대 평가하기도 한다. 그래서 더 많은 것을 기대하고 아주 완벽한 성취를 강요하기도 한다. 그러나 어떤 아이도 그런 것을 원하는 대로 성취해 보여줄 수 없다. 이런 현실과 기대 사이의 차이가 벌어진 채로 시간이 흐르면 정말 커다란 스트레스의 원인이 된다.

지적 능력과 정서 발달의 차이점을 파악해라

아이의 정서적 발달과 지적인 성숙이 서로 다르다는 것은 이미 여러 차례 설명했다. 지능과 지혜는 서로 다르다. 그렇다고 해서 아이의 판단력이 떨어지는가 하면 그렇지는 않다. 오히려 판단력도 보통 아이들보다는 더 좋을 경우가 많다. 아이는 가끔 아주 복잡한 개념을 설명하기도 하고 어려운 문자를 쓰기도 하지만, 미묘한 상황에서 의연하게 대처하고 자기감정을 잘 통제할 수는 없다. 하지만 부모들은 자주 이런 상황에서 당황하고 혼동하게 된다. 낮에 유전자 조작과 최신 컴퓨터 기술에 대해 세련된 설명하던 아이가 밤에는 혼자 못 자겠다고 하거나 곰 인형 없어졌다고 울음을 터뜨리면 이해 못 하겠다고 한다. 하지만 오히려 당연하다.

어떤 스트레스는 사람들의 질투, 분노, 몰이해에서 생겨난다. 아이가 이러한 스트레스를 극복하려면 상황을 객관적으로 볼 수 있어야 한다. 우선 사람들의 행동 중에서는 자신도 어떻게 하지 못하는 행동이 있다는 것을 알아야 한다. 하지만 스트레스를 받는 상태에서도 자기 자신의 행동은 통제할 수 있다는 것을 깨달아야 한다. 그러한 깨달음은 뜻밖에 아주 강력한 무기가 될 수 있다. 자기 통제가 되면 스트레스를 가하는 상대를 잘 견뎌낼 수 있고 나중에는 즐길 수도 있게 된다.

부정적인 혼잣말을 차단하라

영재 부모와 함께 연구하면서 우리는 '혼잣말'이 매우 중요하다는 것을 깨달았다. 특히 이것은 스트레스 관리와 밀접하게 관계돼 있다. '혼잣말'이란 자기 자신을 대상으로 말하는 것인데, 자기 평가와 자신의 의도에 관한 이야기다. 우리가 의식하지 못하더라도, 적어도 마음속으로는 끊임없이 자기 자신에 대해 평가하고 있다. 우린 늘 자기가 한 행동, 자기 생각 그리고 자신의 감정에 대해 평가하고 있다.

영재들은 보통 아이들보다 더 일찍 혼잣말한다. 어른들이 기대하는 것보다 훨씬 빠르다. 두세 살 이전에 시작하기도 한다. 나이가 들면 아이는 다른 사람이 듣지 못하도록 마음속으로만 하게 된다. 혼잣말은 스트레스 관리에서 아주 중요한 작용을 한다. 영재들은 흔히 완벽주의에 빠지기 쉬워서 작은 실패나 좌절에도 아주 부정적인 혼잣말을 한다. 그러면서 스트레스에 빠질 가능성이 있다. 이런 부정적인 혼잣말은 특별히 강력한 스트레스를 유발한다. 이런 것이 자학이란 것을 인식할 수 있을 것이다. 반대로 우리는 긍정적인 혼잣말도 많이 한다. 이런 긍정적인 혼잣말을 통해 우리는 스트레스를 완화하고, 스스로 격려하며 자신을 지지하고 강화한다.

부정적인 혼잣말의 원인은 우리 마음속에 들어 있는 여러 가치가 서로 충돌하면서 매우 감성적인 자기 평가를 하는 것에서 온다. 다른 사람이 나를 어떻게 볼 것인가에 너무 치우친 나머지, 자신의 행동과 생각과 감정이 마땅히 어떠해야 한다는 것에 집착하는 것이다. 남들에게 호감을 받고, 지나치게 튀지 않고 싶은 마음이 너무 커서, 다른 사람의 평가에 대해 너무 많은 시간을 소비하는 것이다. 어떨 때는 실패를 통해 자기 스스로 생각했던 자신보다 훨씬 무능한 자신을 발견하게 될 것을 두려워한다. 두려움이 지나쳐서, 자기 생각대로 행동하는 것에 대해 주저하게 된다. 하지만 언제나 우리가 그래야 한다는 기준에 맞춰 살 수는 없다는 것을 깨달을 필요가 있다.

비합리적인 믿음을 버려라

부정적인 혼잣말은 비합리적인 완벽주의에 그 원인이 있다. 거기서부터 무언가를 해야 한다는 강박적인 의무감이 만들어진다. 이런 비합리적인 믿음은 자기 평가에 대한 불합리한 기준이 된다. 대부분 사람에게 이런 것들이 어느 정도 존재하지만, 영재들에게 특히 더 강하게 나타난다. 무언가를 완벽하게 해내야 한다는 집착이 강하기 때문이다. 따라서 영재들에게는 이런 고정 관념이 있는지 잘 살펴보고 적극적으로 살필 필요가 있다. 빨리 찾아내서 교정하지 않으면, 영재는 이런 고정 관념에 고착돼 성인이 되어서도 굳어진 '의무감'에 시달리게 될 위험이 있다. 스트레스를 받지 않아도 될 상황에서 받거나 자기 평가에 지나치게 인색하게 구는 등 분노, 좌절감, 적대감 등으로 이어질 위험성이 크다.

일단 이런 비합리적 믿음에 대해 알게 되면, 긍정적인 혼잣말의 효과를 이용할 수 있게 된다. 어떤 사건 자체가 스트레스가 되는 것이 아니다. 그 일을 어떤 식으로 말하고 생각하고 느끼냐에 따라 스트레스가 되기도 하고, 되지 않기도 한다. 아이들이 그것을 깨닫게 도와주어야 한다. 우리는 다른 사람의 행동을 완벽하게 통제할 수 없다. 단지 그런 사람들에 반응하는 우리의 행동과 느낌을 통제할 수 있다.

> **비합리적인 믿음**
>
> - 너는 모든 사람에게 사랑받고 인정받아야 한다.
> - 너는 모든 면에서 완벽해야 한다.
> - 행동이 나쁜 사람은 나쁜 사람이다.
> - 일이 원하는 방향으로 가지 않으면 아주 끔찍한 재앙이 될 것이다.
> - 행복은 일이나 사람으로 결정된다.
> - 과거의 일들은 모두 중요하고, 계속 걱정해야 하고, 미래에도 영향을 미칠 것이다.
> - 무조건 지금과는 달라져야만 한다.
> - 완벽한 해결책이 당장 나오지 않으면 끝장이다.
> - 누군가에게 통했던 방법, 옛날에 도움이 되었던 방법을 따라야만 한다.

스트레스를 효율적으로 관리해라

스트레스 관리도 훈련의 하나다. 다른 것들과 마찬가지로 동기 유발로 훈련해야 한다. 단계별로 목표를 설정하고, 차분히 쉬운 것부터 점점 어려운 단계로 발전시켜 나가야 한다. 스트레스 관리야말로, 자기 훈련의 중요한 요소이며, 동기 유발에서도 중요한 부분이 된다.

숨기지 말고 터놓고 말한다

스트레스를 일으키는 일에 대해 의논한다. 이야기를 나누는 것만으로도 일정한 효과를 볼 수 있다. 문제를 해결하기 위해서는 다소 힘들고 일시적으로 스트레스가 더 심해지더라도 문제를 직시해야 한다. 마치 문제가 없는 것처럼 혹은 저절로 없어지기를 기대하면 더 심각해질 수 있다.

아이가 스트레스를 받고 있으면 부정적인 혼잣말을 하는 경우가 많다. 이럴 때 곧바로 따져 묻는 것은 도움이 안 된다. 스트레스를 가중시킬 뿐이다. 조심스럽게 '진정한 너의 편은 부모'라는 것을 상기시키고 자신의 느낌을 보다 솔직하게 표현할 수 있도록 유도해야 한다. 예를 들어, "지금 상황에서 더 나빠지는 경우는 무엇일까?" "너는 마치 네가 이래야 한다고 생각하는 것 같구나. 그리고 그건 네가 원하는 것이 아닌 것 같고…"라고 말하는 것이다. 이래야 한다는 표현은 앞에 설명한 비합리적인 편견일 것이다. 그 정도만 이야기해도 아이는 금방 마음의 안정을 되찾기도 한다.

의사 결정 방법을 가르친다

아이에게 의사 결정 방법을 가르쳐야 한다. 동기 유발에 관련해 논의된 가치 평가 훈련과도 연관된다.

① 상황을 분명히 정의하고 우선순위를 매긴다.
② 해결 관점에서 문제를 다시 생각한다.
③ 해결책이 될 만한 것을 모두 적어본다.
④ 관련된 정보를 되도록 많이 수집한다.
⑤ 해당 해결책의 현실성을 따져본다.
⑥ 한 가지 해결책을 선택한다.

위와 같은 단계적인 분석으로 여러 가지 해결책을 찾을 수 있다. 어쩔 수 없어 받아들이는 것이 아니라 자신이 선택할 수 있는 여지가 있다는 것은 중요하다. 물론 한 가지 해결책도 아주 완전하지는 못할 것이다. 하지만 해결책을 만드는 과정 또한 중요하다. 'SCAMPER'는 해결책을 만드는 데 널리 사용되는 방법이다.

- **대체** Substitute — 비슷한 상황에 대입한다.
- **결합** Combine — 몇 가지 해결책을 결합한다.
- **조정** Adjust — 몇 가지 요소를 조정한다.
- **확대, 축소, 수정** Magnify, minify, modify — 한쪽으로 극대화, 극소화한다.
- **전환** Put to other uses — 용도를 바꾼다.
- **제거, 구체화** Eliminate, elaborate — 없애거나 강화한다.
- **재배열** Reverse, rearrange — 순서나 조합을 바꾼다.

결국은 쉽게 포기하지 말고, 단기·중기·장기 목표를 만들라는 것이다. 한꺼번에 커다란 문제를 풀려는 것이 스트레스의 원인일 수 있다. 영재일수록 무리한 일정을 만드는 경향이 있다. 목표, 목적, 행동 계획을 글로 써보는 것이 점검하는 데 도움이 된다.

새로운 시도를 칭찬한다
칭찬의 목적은 언제나 '다시 한 번 노력하도록 하는 것'이다. 실수와 실패는 성공을 위한 단계다. 질책이나 실망의 이유가 돼서는 안 된다. 실패도 '성공적'일 수 있다. 이러한 태도와 시각을 아이가 가질 수 있도록 해야 한다. 무언가 실패한다는 것은 적어도 시도해보기 전보다는 무언가 깨달았다는 것을 의미한다. 최소한 그런 방법이 안 통한다는 것을 알게 된 것이다. 왜 실패했는지 분석을 하게 되고, 다음에는 이런 분석 결과를 갖고 새로운 접근 방법을 모색할 수 있다.

남을 비난하지 않는다
실패의 원인을 누군가에게 돌린다는 것은 결국 상황을 변화시킬 수 있는 주도권이 자신이 아닌 남에게 있다는 메시지를 강화한다. 즉 다른 사람이 상황 변화를 일으키지 않으면 나는 혹은 우리는 기다리는 것 외에는 할 일이 없다는 뜻이 된다. 이는 수동적이고 방어적인 태도이며 상황을 개선할 수 있는 적극적인 의지를 부인하는 것이다. 남을 비난하는 것은 자기 발목을

붙드는 족쇄가 된다. 어린아이들은 흔히 그러한 의식의 포로가 될 수 있다. 머리가 좋은 아이도 마찬가지다. 아이가 상황 변화의 열쇠를 스스로 갖고 있다는 것을 깨닫도록 해야 한다. 그것을 깨닫게 할 수 있다면 아이는 피동적이고 무기력한 태도에서 벗어날 수 있게 된다.

긍정적으로 생각하도록 한다

창조적으로 생각해보면 상황을 역 이용해 원하는 결과를 만들 수도 있다. 그런데 그게 쉽지는 않다. 예를 들어, 데이트 약속에 바람맞은 상황이라면 실망하고 우울해하기보다는 그동안 시간이 없어서 보지 못한 영화를 보는 것이다. 불쾌한 상황이어도 선택권은 본인에게 있는 것이다. 다시 한 번 제대로 일하거나 즐길 수 있는 상태로 전환할 수 있는가는 전적으로 상대가 아닌 나의 선택인 것이다.

문제 범위를 최소화하라

한 가지 일이 잘못되었다고 해서 인생이 잘못되는 것은 아니다. 잘못된 문제의 범위를 최소화해서 생각하는 연습을 하면 실패감으로 좌절하지 않게 된다. 문제를 확대해석해서 심한 스트레스에 시달리지 않도록 부모는 한계선을 명확히 해야 한다. 사고방식 훈련을 통해 그 문제와 직접적 관련이 있는 일만 고민하고 집중하면 아이의 좌절감은 줄어든다.

즉각적인 진정 요법을 가르친다

위기에 빠지거나 극심한 스트레스를 받게 되면 긴장, 분노, 공포로 현명한 판단을 하기 어렵다. 흥분이 고조되면 실수를 일으킬 수 있다. 스트레스를 가하는 상대방은 그것을 노리고 있을지도 모른다. 아이들에게 진정하라고 말하기는 쉬워도 실제로 어떻게 하면 진정되는지 방법을 알려주는 경우는 흔치 않다. 아주 흔한 방법으로는 속으로 1~10까지 차분히 세기, 음악에 맞춰 춤추기, 명상하기, 심호흡하기 등이 있다.

스트레스 상황에서 훨씬 민감하게 반응하게 하는 요인이 있는데, 바로 'HALT 정지'이다. H hunger 배고픔, A angry 분노, L lonely 고독, T tired 피곤를 뜻하는 말이다. 아이가 스트레스에 과잉 반응을 보이면 네 가지 상황을 점검해 그런 문제를 먼저 완화시켜줄 필요가 있다. 잠자는 것은 스트레스 관리에 아주 효과가 크다. 정신임상학에서도 아주 중요한 치료 수단으로 인정하고 있다.

유머로 긴장을 해소하라

많은 영재가 아주 어린 나이에도 유머 감각을 보이곤 한다. 처한 상황이 아주 우스꽝스럽다는 것을 꿰뚫어 보곤 한다. 아이가 자기 자신이나 자신이 처한 상황에 대해 웃을 수만 있다면, 유머 감각은 스트레스를 다룰 수 있는 아주 좋은 무기가 된다. 웃음이라 하더라도 아주 차가운 냉소도 있다. 분노와 절망감을 바닥에 깔고 있는 경우다. 아이에게 유머 감각을 가르친다는 것은 사실 조심스러운 것이다. 잘못하면 아이가 조롱당한다고 느낄 수 있다. 하지만 대인 관계에서도 유머는 아주 좋은 도구다. 특히 누군가 터무니없이 아이의 기를 죽이려 들 때 유머를 사용해 그런 행동 자체가 우스갯거리가 되도록 할 수 있다.

호의적인 마음을 표현하게 한다

화가 난 사람이나 공격적인 사람은 자기가 위협당한다고 느끼고 스스로 불안한 상태에 있는 경우가 많다. 상대방이 먼저 공격할 의사가 없고, 위협하는 것이 아니란 것을 적극적으로 알리면 상황은 쉽게 호전된다. 이쪽에서 먼저 상황을 잘 이해하고 있고 협조할 수 있음을 알리는 것은 상당한 효과가 있다. 아이가 그런 원리와 효과를 알도록 지도해야 한다.

조용히 도와달라고 요청하고, 상대방을 깊이 이해한다고 표현하고, 어떤 일에 동감하고 있다고 알리면 상대방은 아주 긍정적인 반응을 보인다. 분노를 일으켰던 원인이 무엇이든 순식간에 원인이 갑자기 소멸하는 일도 발생한다. 어린아이들은 도전을 받는다던가 위협을 당하는 상황이 되면 앞뒤 돌아보지 않고 반응하는 경우가 많다. 이런 상황에서 협력하자는 제안, 서로 도움이 될 수 있다는 새로운 제안을 하면 아이는 놀라울 정도의 긍정적인 반응을 보인다. 실제로 협력적인 관계의 시작이 될 수 있다.

적극적인 무시를 활용한다

모르는 척하기를 적극적으로 이용하자. 의도적으로 스트레스를 가하는 사람이나 상황이 아닌 다른 일에 몰두하는 것이다. 다른 활동에 아주 적극적으로 참여하도록 한다. 아주 심한 긴장 상황을 회피하거나 어떤 감정이나 생각을 억제하는 데 '적극적 무시'는 효과를 나타낸다. 어떤 두 가지 일을 동시에 의식한다는 것은 사실상 불가능하다. 어차피 해야 할 과제에 신경을 집중시키면 아무 소용도 없는 일에 노심초사하는 걸 방지할 수 있다.

누구의 문제인지 생각하게 한다

사실은 부모가 원하는 것과 아이가 진정 원하는 것이 다르고 혼동되고 있을 때 많은 스트레스가 일어난다. 아이가 원하는 것은 전혀 다른데, 아이와 부모가 충분한 이야기를 나누지 않는 경우가 많다. 각자 당연하다고 생각하는 것이 정말 그런지 한 번쯤 짚어볼 필요가 있다. 다른 사람들로부터의 기대는 아이들에게 지속적인 압박감이 되곤 한다. 아이가 자신에 대해서 원하는 것이 주변 사람들의 기대와는 너무 달라 긴장을 일으킨다. 기대하는 바가 서로 달라 서로 비난하는 상황이 된다. 이 문제가 과연 누구의 문제인지 따져보는 것이 꼭 필요하다.

"남이 나에 대해 어쩌고저쩌고한다고 해서 정말 그런 건 아니야!" "인정하고 안 하고는 전적으로 내가 결정할 일이야!" "내가 원하는 것은 무엇이고 어떻게 할지는 내가 결정해!"라고 혼잣말을 해보는 것이 필요하다. 이런 일련의 과정에는 세 가지 중요한 요소가 있다.

첫째, 자신을 향한 비평이 정확한 것인지 따져본다. 특히 그것이 성격, 믿는 바, 행동에 관한 것이라면 반드시 확인해야 한다.
둘째, 맞든 틀리든 그것을 어떻게 할지는 본인 의사에 달린 것이다.
셋째, 무엇을 할지도 본인이 결정할 수 있음을 인식해야 한다.

머리 좋은 아이들은 대체로 활동적이고 호기심이 강하고 자극에 대한 반응이 빠르며 적극적이다. 그러나 교사나 학부모는 자신들이 쉽게 알아볼 수 있는 수치로 된 결과를 확인하고 싶어 한다. 더욱 종합적인 것, 다양한 것, 자신들이 잘 알지 못하는 것으로 표출된 아이들 능력이나 자질은 불신하기 쉽다. 그런 부모나 교사는 아이가 정말 해보고 싶어 하는 일을 여러 가지 이유로 통제하려 한다.

컴퓨터 오락, 딱지 만들기, 동네 아이들과 몰려다니며 놀기, 만화책 보기 혹은 그리기, 유행가 듣기와 따라 부르기 등 많은 놀이 안에는 학습 효과와 정서 발달에 필수적인 요소들이 들어 있다. 논리적인 것, 손가락 놀림과 균형, 통제, 새로운 효율성에 대한 추구, 긴장과 예기치 못한 돌발적인 것에 대한 순발력 등 많은 학습 과제들이 포함돼 있다.

동네 아이들과 몰려다니면서 아이는 사회성을 실전적으로 배우게 된다. 때에 따라서는 지도력과 설득력, 감정에 대한 통제, 타협과 협상, 승부 근성을 배운다. 수줍음을 떨치고 필요한 자기 연출 능력을 개발할 수도 있다. 아이가 원하는 것은 자기의 느낌에 맞는 놀이를 통해 자신의 능력을 시험하고 확장하고 자라나고 싶어 하는 것이다. 다른 사람들이 원하는 것은 시험지에 잉크로 된 각종 과제를 통해 아이가 어떤 능력이 있고, 다른 아이보다 더 우수하다는 것을 증명하는 것이다. 어느 것이 아이의 성장에 도움이 될까?

아이가 스스로 판단할 수 있게 하려면 아이가 인생의 주인이 될 수 있어야 한다. 물론 아이는 아직 통제력도 모자라고 어떤 것이 더 유리한지 정보가 부족하다. 아이에게 최소한의 과제를 부여하고 많은 다른 기회를 느낄 수 있게 해주어야 한다. 시간이 걸리고 답답하더라도 아이에게 정보를 주고 선택하게 하고 그 선택의 결과가 무엇인지를 냉정하게 돌아볼 수 있게 해주어야 한다. 부모, 교사, 관리자는 자기가 아이의 판단을 대신하려 해서는 안 된다.

궁금해요
알려주세요

Q 우리 아이는 악몽에 자주 시달립니다. 아이가 상상력이 너무 풍부해서 잠자는 동안에도 그런 것으로 괴로운 듯합니다.

A 영재들은 보통 아이들보다 생생한 꿈을 꾼다고 합니다. 아이가 악몽에 시달리다 깨어나면 먼저 아이를 안심시키고 어떤 꿈을 꾸었는지 말해보도록 합니다. 그리고 확신을 갖고 다시 자라고 합니다. 그리고 다시 꿈을 꾸라고 합니다. 단 이번에는 스스로 원하는 이미지를 갖고 꿈꾸라고 합니다. 슈퍼맨이나 해병대 중대를 데리고 갈 수도 있다고 알려줍니다. 그리고 이것은 어디까지나 꿈인 이상 아이가 원하는 결말을 만들 수 있다는 것을 일깨워줍니다. 일단 아이가 자기 마음을 조절할 수 있게 되면 실제로 아이는 원하는 꿈을 꾸게 됩니다.

Q 우리 아이의 문제는 완전히 반대입니다. 스트레스라는 것을 도대체 모르는 것 같아요. 모든 일이 아이에게 아주 쉬워만 보입니다.

A 모든 사람에게는 적정한 양의 스트레스가 필요합니다. 그래야 아주 커다란 문제에 봉착했을 때 완전히 압도되지 않습니다.

하지만 아이가 어떤 일에도 스트레스를 받지 않는다면 많은 경험을 하도록 해주십시오. 풍부한 경험, 도전적인 상황이 아이의 위기관리 능력과 인내력을 키워줍니다. 악기 연주를 한번 권해보시지요. 악기 연주 능력이란 최고 만점이란 없는 것이기에 도전할 만한 과제가 되고, 고생한 만큼 보람도 큽니다.

Q 영재들은 원래 그런지, 우리 아이는 너무 바빠요. 동아리라는 동아리는 죄다 가입하고, 운동이라면 뭐든지 하려고 덤벼요. 저러다가 탈진하지 않을까 걱정되네요.

A 영재들은 특히 나이가 들수록 감당하기 어려운 일정을 짜는 경향이 있습니다. 대부분 잘해나가고 그런 생활이 가져다주는 자극을 좋아합니다. 그래서 본인에게는 문제가 안 돼도 부모는 감당이 안 되는 상태로까지 치닫습니다. 하지만 결국 어느 정도 지나면 본인도 한계에 도달합니다. 그때 같이 의논하면 됩니다. 사람에게는 자기 자신을 돌아보고 재정비하는 시간이 필요합니다. 부모가 지나치게 개입하지만 않으면 그다지 문제될 것은 없습니다.

단, 너무 어린아이라면 적당히 조절해줄 필요가 있습니다. 아이가 자신의 능력을 증명해 보이려고 기를 쓸 때, 자기 내면을 돌아보는 것을 피하는 한 가지 방편으로 그러는 게 아닌가 점검할 필요가 있습니다. 그런 경우가 아니라면 걱정하지 않아도 좋습니다. 오히려 부모 자신이 너무 바쁘지 않은지 점검해보아야 합니다. 아이의 활동과 그 성취를 바라보는 즐거움을 놓치지 않도록 하세요. 쓸데없는 노파심에 시달리지 않도록 하세요.

Q 경쟁적인 놀이가 해가 되지는 않나요? 우리 아이는 항상 누구를 대상으로 하든 승부를 보려고 해요.

A 승부는 정서적·지적 자극을 줍니다. 그래서 영재들이 매력을 느끼는 것 같습니다. 장기, 바둑 같은 게임에 몰두하는 예를 흔히 볼 수 있습니다. 전자오락처럼 기계를 상대로 하는 경기에도 흥미를 보입니다. 경험에 비춰볼 때, 아이가 팀을 이루어 협력하는 종류의 경기에도 참여를 잘하고, 남과 협력하는 데 의미를 두고 있기만 하다면 큰 문제는 없습니다.

언어는 당연히 인류가 사용하는 가장 강력한 약이다.

― 루디야드 키플링

감성이란 인간이 가진 것 중 가장 고상하고 가장 성숙한 것이다.

― 조슈아 로스 리브먼

감정에 관한 한, 우리 모두 어린아이와 다를 것이 없다.

― 로널드 E 폭스

정서가 빈곤해지면, 유머를 잃게 되고, 완고해지고, 선입감에 찌들게 된다. 정서를 억누르면 융통성 없고, 고압적이고, 독선적인 사람이 된다. 정서를 북돋우면 삶에 향기가 나고, 정서를 짓누르면 삶에서 독기가 퍼진다.

― 조셉 콜린스

친절한 말은 확신을 낳는다. 친절한 생각은 심오함을 만든다. 친절한 헌신은 사랑을 꽃피운다.

― 노자

chapter 07
정서적 안정이 최우선이다

대부분의 훈육 지도서가 지적 능력 개발에 집중돼 있고 학교 프로그램도 지식과 과학적인 내용에 집중돼 있다. 하지만 의사소통, 감정 교류, 인간관계는 반드시 가르쳐야 하는 것들이다. 그리고 지능의 발달과도 깊이 관련돼 있다는 연구 결과가 여러 차례 나왔다.

그런데도 아이들의 정서 발달에 대한 교육 프로그램이 발달하지 못하고 있는 이유는 무엇일까?

첫째, 점수화하기 어렵기 때문이다.
둘째, 전통적으로 그런 것은 가정에서 배우는 것이라는 고정관념 때문이다.
셋째, 무엇을 어떻게 가르쳐야 할지 어른들도 잘 모르기 때문이다.

실제 상황은 더 비극적이다. 학교나 가정 모두 애써 외면하고 있으며 오히려 감정 교류에 대한 정서적 능력 발달은 지능 개발에 방해된다는 고정 관념이 폭넓게 형성돼 있다.

감정 교류는 누구에게나 아주 중요한 일이지만 아이들에게는 특별히 더 그렇다. 정서적으로 안정돼 있다는 것은 물질적으로 풍요로운 것보다 훨씬 아이의 지능 개발에 도움이 된다. 정서적으로 안정된다는 의미는 아이가 감정을 아무런 두려움 없이 표현할 수 있다는 것이다. 정서적으로 메마르고, 표현할 수 없는 환경에 처하면 아이들의 지능지수 자체가 낮게 평가된다는 것은 몇 가지 연구로 확인된 바 있다.

영재들은 추상적인 것을 잘 이해하고 다채로운 생각을 하기에, 아주 어린 나이에도 생각하는 방식이 다른 아이들과 많은 차이를 보인다. 호기심이 많고 언어적으로 매우 발달해 있어서 주변 사람들은 이런 영재에 대해 아주 강한 반응을 보인다. 그중 부정적인 것도 적지 않아 분노, 냉소, 비판을 불러일으킨다. 영재가 인식한 것, 표현하고 해석하고자 하는 것에 부정적인 반응이 반복되면, 영재는 자기의 감정을 표현하지 않고 의견을 이야기하지 않는 것이 차라리 낫다고 생각하게 된다. 무언가 다르게 느끼고 다르게 생각하는 것이 받아들여지지 않고, 인정되지 않으면, 오히려 자신에게 문제가 있다고 생각할 수도 있다.

영재의 감수성, 열성, 호기심이 장점이란 사실은 명백하지만, 오히려 이런 것이 영재의 좌절감을 극대화한다. 영재는 다른 사람보다 훨씬 감수성이 높고, 말이 가지는 다중성을 이해하고, 풍자에 능하고, 자의식도 강하다. 그런데 그것이 오히려 아이에게 재앙을 불러오는 상황이 계속될 수 있다. 자신에 대한 분석, 비판, 한계가 어딘지 알 수 없다는 무력감이 영재 자신을 힘겹게 만든다.

기죽이는 말을 피해라

영재의 정서 발달이 원활하다면, 감정 표현이 자연스럽고 세련돼서 주변 사람들에게 쉽게 받아들여질 수 있다. 하지만 아이들의 감정이란 변화가 많고 어른보다 훨씬 예민하기에 어른들은 아이들의 감정 변화에 애를 먹게 된다. 아이들의 정서 발달이 원활히 개발되기 위해선 부모들 스스로 몇 가지 전제 조건을 갖추어야 한다.

첫째, 어른들 스스로 감정 조절 능력을 확보해야 한다.
둘째, 최소한의 물리적인 환경, 경제적인 여건을 갖추어 생활의 안정을 유지해야 한다.

셋째, 부모 자신이 완벽하지 못하다는 것을 인정해야 하며, 상위의 가치체계를 제시해 부모의 불완전성이 노출되더라도 아이가 심각한 가치체계 혼란에 빠지지 않도록 해야 한다.

아이들이란 보통 자기가 느끼는 것을 아무런 조심성 없이 표현한다. 그것이 자연스럽다. 하지만 어른들은 아이가 공공장소에서 떠들거나 무엇을 갖고 싶다고 떼를 쓰면 곤혹스러워진다. 그래서 어떤 때는 아주 단호하고 엄격한 부모가 돼야 한다. 하지만 욕망이 차단되고 자기 느낌을 거르지 않고 표현한다고 해서 벌을 주고 혼내면 아이는 좌절한다. 아이들을 키우면서 누구나 느끼는 딜레마라 할 수 있다.

감정, 욕망이란 시시때때로 변하는 것임을 기억하라. 위기와 대립은 지나가기 마련이다. 어른들도 자주 그것을 잊는다. 한번 틀어지면 영원히 그럴 것이라는 느낌에 빠진다. 아이들은 머리가 좋든 평범하든 어른보다는 훨씬 그런 착각과 집착에 빠지기 쉽다. 한번 갖고 싶다는 마음이 들면 맹목적으로 원한다. 감정과 욕망은 시간이 지나면 변한다는 것을 아이가 깨닫게 도와주어야 한다. 시간을 주어야 한다. 한마디 말이나 따끔한 행동으로 아이를 통제하려는 유혹에 빠지지 않도록 할 수도 있다.

감정이나 욕망은 그러라고 명령한다고 바로 사라지지 않는다.

그러한 명령은 아이의 욕망을 부채질하고 애타는 마음을 불태우게 한다. 설혹 해줄 수 없는 일이라도 원하는 아이의 마음을 이해해야 한다. 적절한 정도로 공감하는 표정과 말이 필요하다.

타협과 문제 해결이 실제로 쉽지 않다는 것을 크고 명확한 소리로 인정한다. 하지만 문제 해결은 결국은 스스로 해야 한다는 것을 알려준다. 아이 스스로 해결 방법을 찾아야 한다. 옆에서 도와줄 수는 있지만 결국 아이가 스스로 해야 한다. 본인 스스로 인정하고 따져보기 전에는 마음으로 받아들이지 않는다. 아이는 고통스러운 상황을 빠져나가는 과정에서 지혜를 얻게 되고 부모는 그 과정을 평가하고 신뢰를 주어야 한다.

막말 Killer Statement 을 피해라

아이들을 기르다 보면 부지불식 간에 막말하게 되는 경우가 많다. 그런 막말을 'killer statement'라고 한다. 의사소통과 동기 유발을 방해하는 부정적인 비난의 말들이다. 감수성이 예민한 아이들에게 솔직한 대화는 필수적인 것이며, 매우 자연스러운 것이다. 매우 강한 감정과 반응이 아이의 솔직한 의사소통에 교란을 일으킬 수 있다. 특히 어른들의 말이나 감성 표출은 아이에게 크게 영향을 준다. 형제자매, 친구, 교사 심지어 부모가 지도 때때로 영재에 대해 오해를 일으킨다. 영재는 버릇이 없고, 건방지며, 무례하고, 따라서 누가 과연 어른이고, 손윗사람인지, 버릇을 고쳐주어야 한다는 식이다.

하지만 그런 막말은 매우 부당하며, 좀처럼 회복하기 힘든 상처를 남긴다. 반복되면 아이의 정서적인 발달이 지장을 받게 된다. 오히려 정서적 퇴행이 일어나기도 하고, 마음의 안정이 흔들리고 부정적인 자아가 형성되고 인간관계에 대한 뿌리 깊은 불신을 만들어준다.

좋은 의도라도 아주 미묘하게 혹은 생각 없이 무의식중에 아이의 인격을 공격하는 말을 할 수도 있다. 그럴 때는 바로 사과해야 한다. 어른이 유감의 뜻이나 사과의 뜻을 표현한다는 것은 활짝 열린 의사소통의 모범이 된다. 존경과 신뢰, 감정의 수용을 보장하는 훌륭한 교본이다. 아이들은 다행스럽게도 환경만 바뀌면 금방 생기를 되찾는다. 아마도 영재는 지적 능력만큼 감성적인 회복력을 더 많이 가진 듯하다. 그렇지 않다면 영재들은 감수성 때문에 더 많이 희생되고 위축될 것이다.

📝 의사소통과 동기 유발을 방해하는 막말들

- 네 껍질 속에서만 살지 마. 다른 사람들처럼 살아!
- 지금은 안돼, 날 좀 괴롭히지 마라.
- 그렇게 멍청해? 그건 안 된다는 것을 너도 알지?
- 네가 이 정도의 일을 잊다니 믿을 수 없어.
- 하기 싫어서 일부러 그런 거지?
- 이런 식으로밖에 할 수 없었니?
- 똑똑하다는 놈이 이런 멍청한 짓을 해?
- 상식이 없는 녀석이군. 네 형처럼 할 수 없니?
- 너 요즘 왜 이래? 머릿속에 엉뚱한 게 들어 있어!
- 내가 설명할 때 어디 갔었어? 자고 있었니?
- 너밖에 모르는구나. 다른 사람 생각은 눈곱만큼도 안 해!
- 내가 하라는 대로 해! 그런 멍청한 생각은 집어치워.
- 내 말을 믿지 못하겠니? 네 이상한 친구들 때문에 그런 거야.
- 하나도 새로울 것이 없어. 그런 생각은 구식이야.
- 넌 아직 안 돼! 시간 낭비일 뿐이야!
- 네가 어떤 생각을 하는지 관심이 없다. 하란 대로 해!
- 그런 유치한 짓 좀 그만해라. 부끄럽지도 않니?
- 그렇게 느껴선 안 돼! 네가 틀린 거야!
- 괜히 우울한 척하지 마!
- 너는 뭐가 그렇게 특별해?
- 너만 문제가 있다는 거냐?
- 내가 하라고 하지 않았니?

확신을 주는 한 사람을 만들어라

경험적으로 볼 때, 아이가 얼마나 많은 사람과 감정 교류를 하느냐는 중요하지 않다. 그보다는 어느 한 사람과 얼마나 깊은 감정 교류를 하는가가 중요하다. 이런 경험은 어린 시절 정서 발달에 깊은 영향을 준다. 한 사람이라도 전적인 믿음을 주고받을 수 있고, 무슨 이야기든 나눌 수 있고, 전적으로 수용될 수만 있다면 아이는 온갖 감정적 역경을 극복할 수 있다.

세상은 정의롭지 못한 일과 적대적인 사람들과의 마찰로 가득 차 있다. 그런데 한 사람이라도 자기의 편이 돼주면 어떤 일도 참아낼 수 있다. 그런 사람은 부모인 당신이 될 수도 있고, 특별한 친구가 될 수도 있고, 마음의 스승일 수도 있고, 형제자매 중 하나가 될 수도 있고, 교사일 수도 있다. 핵심적인 사항은 그 사람이 아이를 하나의 인격체로 존중하고, 어떤 확신을 줄 수 있어야 한다는 것이다. 어떤 확신이란 아이가 자체로 모순되지 않았고 그만한 가치가 있다고 느끼고 자신감을 주는 것이다.

억울한 일을 경험한 적이 있는가? 그때 누가 당신의 편이 돼주었는가? 아이들의 지능은 당신이 생각하는 것보다는 이미 상당히 발달해 있다. 반면, 자신의 의사를 표현하는 능력이 아직 개발돼 있지 않다. 필요한 만큼 넓은 시야를 확보하지 못하고 있다.

비행기를 타고 산천을 내려다보거나 고층 건물에 올라 시내를 내려다보면 우리가 평소 생각하던 것과는 확연히 다른 모습을 보게 된다. 약간의 시각의 차이는 세상을 보는 방법에 상당한 차이를 만든다. 무릎 꿇고 아이와 눈높이를 맞추고, 아이를 안아 올려 어른의 눈으로 상황을 볼 수 있도록 도와주면 갈등을 줄이는 데 도움이 된다. 당연한 사실들을 아직 경험하지 못한 상태이기에 아이는 정보의 부족으로 불안해한다. 그래서 부모는 끊임없이 아이에게 애정을 표현해야 한다. 어떤 사람은 사랑이 지나치면 버릇을 망친다고 말한다. 거짓말이다. 애정표현에 인색하고 게으른 자기의 버릇을 합리화하려는 변명이다. 아이는 눈길, 손길, 포옹, 입맞춤, 친절한 설명, 칭찬으로 끊임없이 애정의 확인을 받을수록 정서적 안정을 확보한다. 정서적 안정은 아이의 감수성을 발달시키고 호기심을 발산하게 한다.

눈높이에 맞는 의사소통을 해라

자연스럽게 마음을 나눈다

대화와 감정 교류가 잘될 수 있는 환경을 만들어야 한다. 가장 먼저 알아야 할 것은 느낌을 부정하거나 회피해서는 안 된다는 것이다. 있는 그대로 인정하고 어떻게 해결할지 적극적으로 대처해야 한다.

감정을 솔직하게 표현한다

앨버트 슈바이처의 "아이를 가르칠 때, 자신의 감정을 솔직하게 표현하는 것이 가장 좋은 방법이다"란 말은 틀렸다. 유일한 방법이다. 화를 내면 상대도 부글거리게 되듯이, 자신의 감정을 솔직히 표현하면 상대방도 솔직해지기 쉽다. 감정을 나눈다는 것은 정보 교환을 원활하게 해줄 뿐 아니라 신뢰를 깊게 한다.

부모가 아이에게 두려움, 상처 등의 감정을 솔직히 표현하면 아이는 부모가 자기를 믿고 있다고 느낀다. 경험에 의하면 아이들은 어른도 두려워할 때가 있고, 당황하거나 상처받을 수 있다는 점을 알고 있다. 숨기려 해도 아이들은 이미 눈치채고 있어서 부모가 이를 숨기면 오히려 불신한다. 물론 감정의 폭발, 배설은 또 다른 문제다. 부주의하게 일시적으로 솟구치는 악감정과 분노를 쏟아내는 것과 감정을 제대로 표현하는 것을 혼동해선 안 된다.

소통하는 모습을 점검한다

똑같은 말도 성조, 어조, 크기, 몸동작, 속도에 따라 다르게 표현된다. 그러면 상대도 그러한 표현에 따라 다르게 듣는다. 이때 자기가 전달하고 있는 감정을 스스로 알고 있어야 한다. 부모들은 화는 나지만 좋게 말함으로써 분노를 통제하고 있다고 믿는 경우가 자주 있다. 하지만 자기가 하는 말을 자기가 듣고 자신의 모습을 스스로 보면 깜짝 놀랄 수도 있다. 의도하지 않는 메시지를 스스로 전달하고 있을 수도 있기 때문이다. 녹음이나 녹화를 해보면 아주 쉽게 점검할 수 있다. 말하면서 거울을 보아도 좋다.

자기모순에 빠지지 않는다

입으로는 "너 오늘 무엇을 했니. 엄마가 꼭 듣고 싶구나"라고 말하면서 표정과 태도에 피곤함이 잔뜩 묻어 있을 수 있다. "나는 너에게 화가 난 것이 아니란다"라고 하지만 화가 머리끝까지 치밀어 터지기 직전이란 것이 한눈에 들어올 수도 있다. 말과 태도가 이렇듯 일치하지 않으면 아이는 혼란에 빠지고 겁에 질리게 되며 부모의 진심을 의심하게 된다. 대화와 소통을 차단하게 된다. 사람들은 메시지 자체보다는 전달 방식에 담겨 있는 정서적인 느낌을 더 믿는다. 사람들이 왜 이런 모순된 표현을 하게 되는지 설명해줄 필요가 있다.

솔직한 감정의 꼬리표를 달아준다

영재들은 아주 어린 나이에도 감정을 정확히 이해할 수 있는 능력이 있다. 전달되는 메시지와 그에 담긴 정서적인 내용을 구분하고 분리하는 법을 배울 수 있다. 그리고 그것을 바탕으로 좀 더 복잡한 정서적인 문제를 이해할 수 있게 된다.

감정은 자동적인 것이어서 직접 또 즉각적으로 조절하기 어렵다는 것을 알아야 한다. 감정이란 매우 강할 수도 있고, 약할 수도 있다. 불편할 수도 있고, 자연스럽게 소화할 수도 있다. 하지만 감정 자체는 나쁜 것도, 좋은 것도 아니다. 그런 감정 때문에 유발되는 행동이 나쁠 수도 좋을 수도 있다.

서로 모순되는 이중적인 표현을 하기보다는 차라리 "화났어" "네 이야기를 들을 수 없을 만큼 지쳐 있단다" "너무나 슬프구나"라고 하는 것이 좋다. 이런 것을 '감정의 꼬리표 달아주기'라고 한다. 프리드라 학자는 "아이들은 아주 어린 나이에도 이러한 훈련을 통해 쉽게 상대방의 감정을 인지하고 이해할 수 있는 능력을 갖추게 된다"고 했다.

감정을
소통해라

아이의 감정을 수용하는 것과 동의하는 것은 다르다. 감정이란 그 사람 고유의 것이다. 사람이 진정 자신의 것으로 가질 수 있는 몇 안 되는 것 중 하나다. 부모들이 흔히 저지르는 잘못이, "너는 느끼면 안 돼" "슬퍼하지 마" "화내지 마" "놀라지 마"라고 말하는 것이다. 감정이란 마음으로부터 우러나오는 것이지, 의지에 따라 조절되는 것이 아니다. 그런데도 부모들은 아이의 감정이 논리적이지 못하다거나 어리석다고 생각한다. 그래서 감정을 지시하려는 잘못을 범한다. 굳이 예를 든다면 떨어지는 폭포를 향해 "멈춰!"라고 외치며 물이 멈추지 않는다고 화를 내는 것과 같다.

영민한 아이는 논리적으로는 자기가 화를 내서는 안 된다고 생각하면서도 화를 참지 못한다. 그러면서 자기 자신을 질책하기도 한다. 오히려 감정이란 원래 논리적이지 못하다는 것을 알려주어야 한다. 아이에게 충고하고 올바른 처신을 가르치려 한다면, 그럴수록 일단은 아이의 감정을 수용하는 단계가 먼저 이뤄져야 한다. 아이의 감정을 존중하는 말과 태도를 충분히 보인 다음, 올바른 처신이란 이런 것이고 그렇게 해달라고 요청해야 한다. 그리고 격려와 칭찬으로 마무리한다.

아이를 앞지르지 않는다

우선 아이를 이겨야겠다는 마음을 갖지 않기 위해 노력해야 한다. 어른들은 스스로가 많은 감정적인 문제를 겪어왔기 때문에 그런 문제에 대해 훨씬 많은 것을 알고 있고 올바른 해답이 무엇인지 잘 안다고 생각한다. 그런 태도는 아이에게 상당한 좌절감을 안겨준다. 이런 태도가 아이에게 주는 메시지는 '너의 문제라 하더라도 내가 너에 대해 더 많이 알고 있으니 내 말을 따라라'이다. 그보다는 아이 스스로 잘 다룰 수 있게 될 것이며, 가장 좋은 해결책을 찾게 될 것이라고 격려하고 도와주는 것이 필요하다.

완벽한 사람은 없다고 말한다

사람은 모든 문제에 해결책을 알고 있을 순 없다. 다른 사람들의 문제에 대해서도 그렇지만 자기 자신의 문제에 대해서조차 그럴 수 없다. 지극히 개인적인 문제일 때조차 다른 사람의 도움이 필요할 때가 있다. 부모도 완벽하지 못하며, 가끔은 실수도 저지르고, 모든 문제에 대해 명확한 답을 갖고 있지 못하다는 것을 고백해야 할 필요가 있다. 우리는 살아가면서 배우고, 그런 과정을 통해 변해간다. 부모가 그런 점을 아이에게 보여 주면 아이도 스스로 가진 여러 가지 모순과 복잡한 정서 문제에 대해 더욱 너그럽게 접근할 수 있게 된다.

아이에게 믿음을 실어주고, 그동안 아이가 보여준 감정과 신뢰를 평가해줄 필요가 있다. 그러면 아이는 자신의 느낌과 믿는 바를 솔직하게 이야기할 수 있게 된다. 자신의 의견이 존중받고 있다고 자신감을 얻게 되고, 솔직함 때문에 벌을 받는 일이 없다고 생각하게 된다. 그러면 마음에 있는 진솔한 이야기를 하게 될 것이다. 자기 생각과 느낌을 나누는 것이 자신에게 결국은 이롭고 도움이 된다고 믿게 될 것이다.

약속은 신중하게 한다

무슨 내용인지 알기도 전에 비밀을 지키겠다는 약속은 하지 마라. 약속은 신중하게 해야 한다. 약속을 지키는 믿을 수 있는 부모라는 믿음을 주려면 섣불리 쉽게 약속을 해서는 안 된다.

듣는 의사소통을 해라

가끔 아이의 이야기를 들으면서 마음의 귀를 열어놓으면 이야기 끝에 있는 감정을 읽을 수 있다. 특히 아이가 전혀 엉뚱한 사회적 이슈나 추상적인 문제, 철학적인 논제에 관해 이야기한다면 그 이면 혹은 밑바닥에 흐르는 감정에 주목해야 한다. 예를 들어 "사람이 죽으면 환생하게 되나요?"라고 묻는 것은 사실은 '죽으면 나는 어떻게 되나요?'라는 질문일 수 있다. 또 10대 미혼모 문제나 사회적 약자에 비상한 관심과 우려를 표시한다면, 가족 내 자기 위치를 확인받고 싶어서 하는 질문일 수도 있다. 아이의 이야기를 진지하게 들어준다는 것은 부모가 아이를 중요하게 생각하고 의견과 감정을 존중한다는 강력한 메시지가 된다. 아이가 총명할수록 그런 강력한 메시지가 아이에게 더할 나위 없는 격려가 된다. 그러나 부모들은 가만히 듣고만 있지 못한다. 자기 의견을 말하고 평가하려고 한다. 충분히 시간을 갖고 들어주고 참을성 있게 자기 의견을 말하지 않으면 아이는 오히려 부모에게 의견을 묻는다. 묻지 않는다면 자기 의견과 감정을 존중받고, 기쁨이나 좌절감을 공유하기를 원하는 것으로 이해해야 한다.

감정에 맞춰 반응한다

아주 정확하지 않아도 된다. 단지 아이의 감정에 스스로 동화되면 동화될수록 효과가 있다. 예를 들어, '응'으로도 충분하고 아이가 강조하는 메시지의 핵심 단어를 반복하는 것만으로 효과가 있다. 중요한 것은 아이의 이야기에 흥미가 있다는 메시지다. 이것을 '적극적인 듣기'라고도 말하는데 아이의 감성을 개발하는 데 아주 효과적이다. 아이는 듣는 사람을 자신의 거울로 활용할 수 있게 된다. 그러다 보면 아이는 자신의 감정과 태도를 보다 객관적으로 바라볼 수 있게 된다.

장애물을 제거한다

텔레비전, 신문, 그 밖의 오락이 대화를 방해하는 일도 많다. 어떤 경우에는 의도적인 회피 수단이 될 수도 있다. 환경이나 여가 활용 방법을 바꾸는 것이 좋은 계기를 만들어줄 수 있다. 새로운 오락이나 환경은 가족 사이의 의사소통을 다시 가동할 수도 있고, 가족의 장점을 새롭게 발견하는 계기도 된다.

특별한 시간을 정한다

아이가 몇 살이든 상당한 효과를 내는 방법이다. 매일 특정 시간을 아이를 위한 시간으로 정하고 그 시간에는 무엇에도 방해받지 말고 아이에게 집중하는 것이다. 전화도 받지 않도록 한다. "지금은 누구를 위한 특별시간이야"라고 한다면 아이는 자기가 존중받고 있으며 부모가 깊이 사랑한다는 인상을 아주 깊이 받는다. 그 시간에 부모가 무엇을 말하거나 하는지는 사실 중요하지 않다. 어찌 되었건 이 시간은 온전히 아이에게 주어진 시간이란 것이 중요하다. 아이가 여럿이라면 당연히 차례로 그런 특별시간을 정해야 한다.

 이러한 특별시간을 위한 프로그램은 얼마든지 여러 가지 응용이 가능하다. 학교에 데려다주기, 한 아이만 데리고 외식하기, 자전거 타기, 가게까지 같이 갔다 오기 등등. 꼭 기억해야 할 점은 얼마나 자주 그런 시간을 갖느냐다. 오래 하는 것보다 자주 하는 것이 좋다. 5분씩 열 번 해주는 것이 종일 한 번 하는 것보다 효과가 좋다는 것이다.

> **감정 교류를 촉진하는 몇 가지**
>
> · 학교 데려다주기
> · 같이 산책하기
> · 숙제 같이하기
> · 캠핑하기
> · 카드놀이하기
> · 출장 갈 때 데려가기
> · 박물관 가기
> · 특별한 장소를 만들어주기

중요한 일에 동참하게 한다

주말에 하루쯤 아이를 회사 사무실로 데려가서 진행하고 있는 프로젝트 보고서를 보여주면 어떨까? 아이의 의견을 듣는 것이다. 아이가 하는 일에 참여하는 것은 부모의 관심과 애정을 드러내는 일이다. 반면 아이한테 어른 일에 참여할 기회를 주면, 아이는 하나의 성숙한 인격으로 평가된다는 느낌을 받는다.

함께 여행한다

하루 혹은 며칠 여행하게 되면 특별한 시간을 많이 가질 수 있다. 캠프나 출장에 데리고 갈 수도 있다. 몇 시간 떨어진 도시로 여행하다 보면, 전에는 경험할 수 없었던 특별한 신뢰가 생겨나는 것을 느낄 수 있을 것이다. 이런 활동은 아이에게 특별한 의미를 부여하며, 새로운 관계 형성을 하는 계기가 될 것이다.

특별한 장소를 만든다

심리적 안정은 특별한 방이나 의자, 혹은 구석진 장소와도 관계가 있을 수 있다. 푹신한 할아버지 의자나 뒷마당 그네에만 앉으면 위로받는 느낌을 얻을 수도 있다. 그렇게 심리적 안정을 느끼는 곳에 가면 자신의 존재와 가치를 다시 느끼며, 상처를 치료받고 자신의 문제에 맞설 힘을 얻게 된다.

감정 문제에 이렇게 대처해라

감정 교류를 원활히 해도 문제가 발생한다. 그러나 해결하기 어려운 것은 아니다.

감정은 일시적임을 기억한다

위기란 시간이 지나면 대부분 지나간다. 위기의 순간 당황하지만 않아도 반 이상 성공이다. 아이들은 위기가 닥치고 갈등과 고통이 최고조에 이르면 그 상태가 영원히 지속한다고 느끼고 절망한다. 심지어 그런 상태를 차단하기 위해 아주 극단적인 선택 방안을 떠올리기도 한다. 아이에게 위기 특히 감정적인 위기는 파도와 같이 지나간다는 것을 알려주기만 해도 어리석은 판단을 하지 않도록 하는 데 큰 도움이 된다.

강압이나 회유로 해결하지 않는다

감정적인 대립이나 분쟁에 휩싸일 때 야단을 치거나 겁을 주며 덮기에만 급급해서는 안 된다. 감정의 강도를 더욱 자극하거나, 폭발 에너지를 키우게 된다. 적정한 수준에서 공감해야 한다.

진심으로 이해하고 인정한다

감정의 충돌이 일어나면 아이가 감당하기 어렵다는 것을 진심으로 인정해야 한다. 눈빛과 태도로 정말 힘들 거라고 동정해야 한다. '별것도 아닌 것을 갖고 유치하게 군다'는 식은 안 된다. 감정적으로 충분히 이해하고 공감한다는 태도를 보여야 한다.

마음 터놓을 한 사람을 만든다

가정 내에서 불평불만을 마음껏 터트릴 수 있는 사람이 하나쯤은 있어야 한다. 아니면 언젠가 폭발하거나 흘러나오게 된다. 어떤 아이는 아버지의 강압적이고 지배적인 태도에 반항하려고 일부러 성적을 떨어뜨리기도 했다. 또 어떤 아이는 어머니의 과보호에 대한 반발로 자전거 바퀴에 펑크를 내기도 했다. 마음 터놓을 누군가 한 사람만 있다면 아이가 다른 식으로 엉뚱하게 화풀이하는 일은 없을 것이다.

결론적으로 감정 문제는 흔히 외면당하기 일쑤지만, 아이가 영민할수록 아주 중요하다. 아이의 감정을 보살피고자 한다면 부모의 방식이나 태도를 주입하려 하지 말고 아이의 감정을 수용하는 태도를 보여야 한다. 아이의 감정을 나의 감정과 일치시킬 수는 없지만, 부모 하기 나름으로, 감정 일치가 쉬워지기도 하고 그럴 만한 이유를 만들어주기도 한다.

Q 우리 애하고 어떻게 대화를 열어나가야 할지 모르겠어요. 애가 완전히 입을 다물었어요.

A 대화를 강제로 할 수는 없습니다. 적어도 솔직히 이야기하게 하려면 압력을 가해서는 안 됩니다. 부모님이 생각을 바꿔야 합니다. '어떻게 하면 이야기할 수 있는 분위기를 만들지, 고민해야 합니다. 갑자기 이야기를 순순히 쏟아지길 기대해도 안 됩니다. 사람 사이 관계에는 시간이 필요합니다. 강요하거나 서두르면 아이는 더욱 속마음을 감춥니다. 자라의 목을 끄집어내려고 잡아 빼면 뺄수록 더욱 움츠러드는 것과 같습니다.

Q 부모는 감정도 없나요? 아이들을 도와주라고만 하는 것 같군요.

A 물론 부모들도 감정을 가질 권리가 있습니다. 이 세상을 살아가는 데 있어 누구나 갖는 고유 권리가 있다면 그것은 감정입니다. 여기서 다룬 내용은 부모 자식뿐 아니라 모든 인간관계에 적용되는 이야기들입니다. 하지만 아이들보다는 부모가 어른인만큼 감정을 통제할 수 있는 능력이 높습니다. 어른도 어려운 일

을 아이에게 강요할 수가 있겠습니까? 부모가 아이의 감정을 이해하기 시작하면 아이들도 차츰 부모를 따라 감정의 이해를 보이게 될 것입니다. 인내심을 갖고 기다리십시오.

Q 감성적인 것을 너무 강조하면 아주 사소한 것에도 상처를 받는 예민한 아이가 되지는 않을지 걱정됩니다.

A 아이는 감정이란 것이 무엇인지, 언제 어디서 어떻게 그것을 표현해야 하는지를 배워야 합니다. 경험을 통해 그런 것들을 익혀나가면 감정 표현도 서서히 자연스러워지게 됩니다. 지나치게 예민한 아이가 되기보다 오히려 감정을 아주 완벽하게 느끼고 표현할 수 있는 아이가 됩니다. 그런 것을 잘 조절하는 사람이 남에게도 넉넉한 이해심과 동정심을 갖게 됩니다.

Q 내가 한 경솔한 말들 때문에 아이가 얼마나 상처를 입었을까요? 노력하는데도 그런 말들이 마구 터져 나옵니다.

A 다행스러운 것은 아이들은 회복이 빠르다는 것입니다. 특히 영재의 경우에는 더 빠르고 용서도 잘합니다. 그런 상처 입히는

말들이 너무 자주 반복되지만 않는다면, 상처는 심각하지 않습니다. 후회되는 말들이 있다면 그때그때 인정하십시오. 솔직히 말하고 사과하면서 점차 그런 말을 줄여나가면, 아이는 부모가 진심으로 자신을 위한다고 느낄 것입니다.

Q 저는 솔직하게 감정을 이야기하고 아이의 감정을 수용하려고 노력하고 있습니다. 그러나 아이는 여전히 마음을 열지 않는군요.

A 당신이 사용하는 단어, 억양, 행동을 통해서 당신이 어떻게 감정을 전달하고 있는지 살펴볼 필요가 있습니다. 의도와 다르게 부정적인 단어를 많이 사용할 수도 있습니다. 위선적인 것을 지양하고, 부정적인 것보다는 긍정적인 느낌을 전달하려고 한다면, 용기와 희망의 메시지를 더욱 강화해야 합니다. 그것이 열정과 자긍심을 불러일으키는 연료가 될 수 있습니다. 사용하는 단어의 90% 이상을 긍정적이고 진취적인 것으로 하겠다는 목표를 설정하십시오. 이상향에 불과할지도 모르나 일단 한번 시도하시기 바랍니다.

누구도 섬과 같은 존재가 될 순 없다. 모든 사람은 전체의 부분이며, 대륙의 한 조각이다.

— 존 돈

차례를 지어서 앞뒤로 서지 말고, 손에 손을 잡고 갑시다.

— 윌리엄 셰익스피어

어떤 사람이 동료들과 사이좋게 지내지 못하고 있다면, 그 사람은 다른 박자에 발을 맞추기 때문이다.

— 헨리 데이비드 소로

나는 천재가 되고 싶지 않다. 그저 한 인간이 되기 위한 문제만으로도 충분하다.

— 알베르 카뮈

chapter 08

특별한 친구를
만들어라

　아이가 학교 혹은 유치원에 가기 시작하면 아이들은 급격한 변화에 노출된다. 또래 아이들이 많은 것에 반가움을 느끼는 한편, 집에서의 문화와 차원이 다른 것에 당황한다. 그래서 친구 사이에 갈등과 충돌이 일어나게 된다. 아이들은 남과 지낸 경험이 부족하다. 흥미를 느끼는 대상, 태도, 버릇이 서로 다르므로 이해할 수 없는 일들이 갑자기 일어난다. 어떤 때는 다른 아이보다 집안 사정이 훨씬 여유 있다는 것을 알고 우쭐대기도 하고, 반대로 가난하다는 것을 깨닫고 주눅이 들기도 한다.

　학교 제도가 변했다고는 하지만 경쟁은 여전하다. 아니 더욱 심각해졌다. 성적만 경쟁의 대상은 아니다. 교사의 관심도 경쟁의 대상이 된다. 친구들 사이의 인기, 누가 누구를 좋아하는가는 아주 심각한 갈등 요인이 되기도 한다. 그렇다고 비슷한 아이들만 모아놓는다고 일이 해결되는 것은 아니다. 아이들은 처지가 아주 다른 사람들과 어울리고 협력하는 훈련이 필요하다.

영재들은 일반적인 기준에 자신을 맞추려고 노력하지만, 보통 아이들과는 다른 어려움을 겪게 된다. 영재들은 '영재' 혹은 '천재'라는 말을 싫어하는데, 아이들로부터 소외되는 계기가 될 수 있기 때문이다. 물론 그 말로 우쭐해질 수도 있다. 친구들 사이에서 튀지 않고 어울리는 것과 독특한 재능을 가진 존재로 돋보이는 것 사이에 갈등이 있고, 딜레마가 있다. 영재 중 어떤 아이는 이렇게 말한다. "공부 잘하는 것에 가장 큰 방해는 친구들입니다. 친구들은 당연히 해야 할 숙제조차 하지 않아야 같이 어울릴 수 있어요." 어떤 영재는 이런 문제를 긍정적으로 받아들여, 하나의 극복해야 할 상황으로 본다.

진정한 또래 친구는?

영재들에게는 친구가 매우 중요하다. 또래 집단이란 여러 특성별로 비슷한 수준에 도달해 있는 친구들이다. 영재들에게 있어 또래는 누구일까? 활동, 상황에 따라 영재의 또래 집단은 달라진다. 또래 집단이란 서로 비슷해서 생길 수 있는 많은 유익이 있지만, 실제로 아이들은 서로 차이가 크다. 그래서 또래 집단 사이의 문제는 보기보다 복잡한 양상을 보인다. 운동하는 능력, 지적 능력, 감정적 교류 능력, 말하는 능력, 노래하거나 춤추는 능력 등 갖가지로 아이들은 서로 비슷하지 않은 단계에 있다. 그저 나이가 같다고 해서 저절로 또래가 되는 것이 아니다. 축구 놀이할 때의 또래와 바둑, 장기, 수학 문제 풀 때의 또래는 다른 것이다.

친구 관계의 특징을 파악해라

또래 집단 사이의 문제 중 가장 먼저 다루어야 할 것은 소속, 리더십, 애정도다. 이 문제는 결국 한 가지 문제이면서 동시에 아주 미묘한 관계가 있다.

친구 관계를 결정하는 데 있어 집단에 소속되어 있는지 아닌지는 아주 중요하다. 일단 집단에 소속되면 대략 어느 그룹에 속하게 된다. 주도하는 그룹, 아니면 반대 그룹, 아무 쪽에도 속하지 않는 그룹. 어느 그룹인지 결정되면 어떤 처지에 서는지 정해진다. 리더, 추종자, 리더는 아니지만 무언가 그 아이만의 역할이 있어 빠져서는 안 되는 존재. 그룹 내 아이들 사이의 애정도는 별개다. 리더라고 하더라도 인기가 높을 수도, 미움을 받을 수도 있다. 다른 그룹에 속한 아이들도 마찬가지다.

아이가 또래 집단에 소속감을 느끼고, 친구들의 존중과 배려를 받는 일은 아주 중요하다. 친구로 인정받는다는 것은 건강한 자아상 확립과 가치관의 발전을 위해 꼭 필요하기 때문이다.

비교하지 마라

또래 집단과 어울리는 일은 아이가 사회적인 활동을 익히는 중요한 훈련이다. 아이들이 어울리기 시작하면 그들은 여러 가지로 서로 비교하게 된다. 몸집, 운동 능력, 사교성, 지적 능력, 생김새 등. 그리고 그들은 자기가 다른 아이들과 어떻게 비교되는가를 끊임없이 생각한다. 그에 대한 대답은 아이가 자기의 이미지를 형성하는 데 아주 중요하다.

학교에 들어가면 아주 새로운 경험이 시작된다. 아이들은 미성숙하고 불안정한 만큼 더 비교하는 일에 골몰한다. 그리고 되도록 다른 아이들과 비슷해지려는 과정이 진행된다. 이럴 때 특별히 머리 좋은 아이, 몸집이 큰 아이, 부유한 아이, 키가 큰 아이들은 자기가 여럿 중에 튀지 않는지 의식하게 된다. 반대로 특별히 발육이 나쁜 아이, 가난한 아이, 작은 아이, 장애를 가진 아이들은 가슴앓이한다.

부모는 아이들에게 사람마다 차이가 있다는 것을 잘 설명해 줄 필요가 있다. 아이들은 뜻밖에 몇 가지 설명만으로 그러한 문제를 극복하고 오히려 다른 아이들 사이의 중재자가 되기도 한다. 사회성과 의사소통에 문제가 있는 아이들이 갈등과 다툼을 일으키고 공격적인 성향을 보일 가능성이 크다. 하지만 그런 아이들도 일정한 자기 위치를 갖게 되면 또래 집단 내에 적응하게 되고 공격성을 순화시킬 수도 있다.

영재들은 다른 아이들도 자신이 하는 것들을 할 수 있다고 착각한다. 그래서 자신이 즐기는 놀이를 다른 아이들도 쉽게 이해하고 즐길 것으로 기대한다. 자기가 이해하는 것을 다른 아이들도 이해할 것으로 생각하고 말하고 행동한다. 그러나 다르다는 것을 미처 깨닫기도 전에 혼돈과 갈등을 일으키고 상처를 입기도 한다. 특히 농담과 우스갯소리를 하는 경우, 언어의 이해도가 틀리면 전혀 즐거움을 공유할 수가 없게 된다.

선택은
아이에게 맡겨라

많은 부모나 어른들이 또래 아이들은 잘 어울리고 서로 쉽게 사귄다고 오해한다. 특히 영재의 특성을 잘 이해하지 못하는 부모들은 더욱 그렇다. 부모 대부분은 아이가 정상적이고, 건강한 친구 관계를 맺었으면 한다. 사회성은 어느 사회에서나 중시되는 기질 중 하나다. 비록 심정적으로 마땅치 않은 상대라 하더라도 갈등 없이 잘 지내는 것이 좋다는 통념이다. 알게 모르게 부모는 아이에게 그런 압력을 가한다. 아이의 창의성이나 새로운 것에 대한 갈망보다 사회적으로 문제없이 생활하는 것이 무엇보다 중요하다는 메시지를 지속해서 주입한다.

연구 결과, 영재들은 특히 고도 지능아들은 아주 소수의 친구를 필요로 한다. 어떤 경우는 오직 한 명의 친구만 필요로 할 수도 있다. 이런 친구와의 관계는 매우 돈독한 것이 된다. 많은 아이와 어울리는 것을 시간 낭비라고 생각하는 아이도 있다. 그런 아이는 소수의 친구와 사귀며, 깊은 관계를 형성하려는 특징을 보인다. 그러나 부모는 영재가 그걸 실제로 원하는 것인지 아니면 다른 아이들과 관계 만들기가 어려워서 그러는 것인지 잘 살펴야 한다.

우리가 생각하는 만족스러운 또래 관계와 영재가 원하는 관계에 차이가 있을 수도 있다. 어떤 친구 관계를 맺는가는 전적으로 아이의 성향에 따른 것이고, 그것을 특별히 좋다, 혹은 나쁘다고 할 수 없다. 아이들은 나이가 들면서 여러 가지 형태의 친구 관계를 경험하게 되고 스스로 자신의 성향을 만들게 되는 것이다.

특별한 친구를 만들어라

영재에게 친구가 많든, 적든, 적어도 한 명의 특별한 친구가 필요하다. 이 특별한 친구는 영재가 가진 독특한 요소를 깊이 이해하고, 다른 사람에게서 모욕을 당하거나 상처를 입었을 때, 심정적인 피난처 역할을 해주는 사람이다. 이런 친구와의 대화를 통해 영재는 상황에 대한 다른 시각을 가질 수 있게 된다. 때로 대립하기도 하지만, 다른 시각도 존재한다는 것을 인정하고, 자기도 정당하다는 것을 확인받는다. 이를 통해 다른 사람과의 대립적인 상황을 피해가거나 수습할 수 있는 새로운 생각을 할 수 있게 된다.

영재는 감수성이 높고, 감성도 강하기 때문에 특별히 이런 친구가 더 필요하겠지만, 보통 아이들도 그 필요성은 마찬가지다. 따라서 아이들에게 친구 관계를 다양하게 형성하도록 격려할 필요가 있다. 다양한 친구 관계를 통해 아이는 세상에는 다양한 사람들이 있으며, 그들이 각기 다른 기대치가 있다는 것을 배우게 된다. 그 속에서 그런 세계 안에서 살아가는 방법을 익히게 되는 것이다.

영재와
미운 오리 새끼

아이에게 천재성이 있다는 것이 밝혀지면 아이들 친구 관계에 문제가 생길 수 있다. 한 아이가 영재라고 지목되면, 다른 아이들은 자동으로 평범한 아이들이 돼버린다. 그래서 아이는 그런 말을 싫어하고, 친구들은 그 아이를 싫어하게 된다. 무엇보다 아이가 자기 자신에 대한 미움을 갖게 되는 것이 문제다. 많은 교사가 영재들을 지원하고 격려하려 하지만, 반대로 영재들에게 화를 내거나 일부러 웃음거리로 만들기도 한다. 그런 경우, 아이의 친구 관계는 더욱 어려워지고 친구들로부터 따돌림을 당하게 될 가능성이 크다.

영재에게 특별히 적대적인 교사들도 있다. 드문 경우지만 의도적으로 힘든 상황을 만들어 아이들 사이에서 어울리기 힘든 상태를 유도하기도 하는 것이다. 결국, 집단 따돌림의 문제는 학생들만의 문제가 아니란 것이 명백하다. 교사 때문에 집단 따돌림이 촉발되는 경우 문제가 크다. 학년이 올라가고 성숙해짐에 따라 교실에서의 따돌림은 더욱 교묘해지고, 강도는 높아진다. 가장 큰 문제는 그런 일을 당해도 달려가서 도움을 청할 교사가 없다는 점이다.

영재가 높은 학업 성취도를 보였을 때, 상대적으로 성적이 떨어지는 아이들에게는 무언가 스스로 부족하다고 느낀다. 높은 학업 성적은 일반적으로 교사에게 즐거움과 기쁨이지만 친구들에게는 위협이 된다. 흔히 교사는 영재의 학업 성취를 아이들에게 모범 사례로 보여주며 다른 아이들을 자극하기도 하지만 그것이 영재에게 악영향을 미치기도 한다는 점을 기억해야 한다. 따돌림의 원인이 되기도 하는 것이다.

어떤 학교에서는 영재들만 모아서 교육하며 문제를 해결하려 한다. 이런 방법이 상당히 도움되기는 하지만, 특별히 지능이 높은 아이에게는 도움이 되지 않을 수 있다. 상위 1%에 해당하는 아이들 사이의 지적 능력의 차이는 상위 4%에 해당하는 아이들 사이의 차이보다 훨씬 크게 나타난다. 재능의 특성도 여러 가지가 있다는 점 또한 어려움을 가중한다. 물론 어느 정도 문제를 완화하는 것은 사실이다.

리더십과
골목대장

영재의 친구 관계에는 또 다른 어려움이 있다. 영재들은 물건이나 사람들을 다소 복잡한 방법으로 조직하기를 좋아한다. 하지만 보통 아이들은 그러한 조직의 의미에 동의하지 않는다. 오히려 영재가 하는 골목대장 놀이의 졸병 역할이라고 느낀다. 혹은 개혁의 대상이 된다든가 통제받는다고 느낀다. 그들은 영재가 사용하는 개념이나 용어의 의미를 이해하려고 하지 않는다. 영재는 이런 상황에 대한 학습이 필요하다. 진정한 지도자와 골목대장이 어떻게 다른지 알아야 한다. 지도자가 성공하기 위해서는 남보다 앞서 나가야 하지만 너무 앞질러 나가서 보이지 않아도 실패한다. 영재는 다른 사람들이 어떤 생각을 하는지 잘 들을 줄 알아야 한다. 이에 부모는 지도자와 지도력에 대한 많은 이야기를 나누어야 한다. 독재와 훌륭한 지도력이 어떻게 다른지 설명하고 이해시키면 아이가 친구 관계를 정립해나가는 데 큰 도움이 될 것이다.

리더십을 키워라

리더십을 개발하기 위해선, 리더를 따르는 사람들이 어떤 생각을 하는지를 잘 알아야 한다. 본인 스스로 리더의 뒤를 쫓아서 공동의 프로젝트를 수행하는 경험도 필요하고, 여러 사람에게 도움을 요청하는 방법도 배워야 한다. 특히 영재는 책임을 지는 것보다 도움을 청하는 법을 배울 필요가 있다. 굳이 리더가 되지 않더라도 그룹에 맡겨진 과제를 어떻게 소화하고 제대로 움직이도록 할 수 있는지를 배워야 한다. 명령하고, 통제력을 행사하는 것보다, 권한을 위임하고, 도와주는 방법을 알아야만 한다.

다른 사람들의 감정을 읽어내고, 이해하는 능력은 꼭 필요하다. 특별히 영재에게는 두 가지 방법이 효과적이라고 알려져 있다. '상상력을 동원한 비전 만들기'와 '역할극롤 플레잉'이다.

영재는 대개 자신의 지적 능력으로 복잡한 상황을 파악하고, 빠르게 결과를 예측한다. 그러나 그런 능력이 저절로 생기는 것은 아니며, 일정한 학습을 통해 얻어진다. 머릿속에서 끊임없이 역할극을 하면서 기량이 늘어나게 된다. '만약 이렇게 행동한다면, 어떤 일이 일어날 것인가?' '만약 이런 상황이 일어난다면, 어떻게 대응하는 것이 최선일까?' '그 사람은 어떻게 반응할까?' '좀 더 나은 대안은?' 등이다.

소크라테스식 변증법이란 것이 이 과정과 유사하다. 질문을 던지되, 답을 주지는 않고, 특별한 견해나 비평도 하지 않는다. 약간의 시간을 주면, 스스로 만족스러운 답을 찾게 된다. 이런 방법은 아이가 자기 일에 책임감을 느끼고, 스스로 통제할 수 있다는 자신감을 부여한다. 실제 상황에서 당황하지 않고, 어떤 행동을 하기에 앞서 그 결과를 예측하고 원만한 대응을 할 수 있는 태도를 몸에 익히게 한다.

주의할 점은 답을 너무 빨리 얻으려고 해선 안 된다는 것이다. 아이 스스로 답을 찾도록 도와주면서 기다려야 한다. 아이는 가능한 대안을 찾아가며 문제 해결 방법을 체득한다. 질문을 던짐으로 상황에 대한 새로운 시각을 갖게 된다. 예를 들어, "둘 중 한 명이 지고, 이기는 상황을 피할 수 있을까?" 하고 물으면, 아이는 긍정적인 행동 방식이 무엇인지 생각하고 결정하는 습관을 갖게 된다.

이런 것을 좀 더 변형한 것이 역할극이다. 역할극을 통해 아이는 다른 사람들의 감정과 생각을 이해하게 된다. 아이가 상대방의 역할을 하고, 부모는 아이의 역할을 맡는다. 영재들은 대개 이런 역할극을 재미있게 느끼며, 그것을 통해 많은 것을 배운다. 특히 강조하고 싶은 부분을 다소 극적으로 강조하고, 재미있게 표현하면 효과가 높다는 점이다. 잘되지 않으면 여러 차례 해도 된다. 그때마다 시나리오를 바꾸면, 깨닫는 것도 달라진다. 아예 역할을 바꾸어도 좋다.

또 다른 방법은 과제를 공동 프로젝트 형태로 진행하는 것이다. 이런 것을 하다 보면, 아이들 사이에 정서적 유대가 강화된다. 공동 과제 해결은 서로에 대한 존중을 배우는 아주 좋은 기회가 된다. 각자 할 수 있는 일을 같이하면 어떤 이득이 있는지

체험하게 된다. 영재들은 자신의 세계에 지나치게 집착한 나머지, 자신의 행동이나 생각에 몰두해 다른 사람을 무시하게 될 위험이 있다. 지나친 자기 몰두는 아무런 소득이 없다는 것을 역할극과 공동 프로젝트를 통해 배울 수 있다.

친구 관계의 롤모델을 제시해라

영재가 10대가 되면 친구 관계와 사회성이 더 중요하게 다가온다. 많은 영재가 또래 집단에 어울리기 위해 자신의 재능을 숨기거나 계발을 포기하기에 이른다. 특히 여자아이들에게 그런 압력이 더 높다. 지나치게 똑똑한 것은 현명한 것이 아니라고 결론을 내린다.

영재들은 이 나이에 아주 강렬한 감정에 빠지기도 한다. 또래 집단의 일원이 되기 위해, 새로운 경험을 위해, 부모가 보기에 적절하지 않은 친구를 사귀는 일도 있다. 부모로서 그런 친구 관계가 어떤 문제를 만들지는 않을지 걱정된다. 하지만 실제로 그런 친구 관계를 차단하기란 현실적으로 어려울 수 있다. 설불리 개입하면 오히려 부모와의 관계만 더욱 소원하게 만들 수도 있다. 현실적인 한계를 설정해야 하고, 다른 부분에 대해서는 못마땅해도 참아야 할 것이다.

부모가 할 수 있는 가장 좋은 방법은 좋은 모범을 보여주는 것이다. 친구 관계란 어린 시절로 끝나는 것이 아니다. 친구는 평생 지속하는 것이다. 부모가 실제 모델을 제시하고 모범을 보여주는 것이 의미 있고, 효과적이다. 물론 깊이 있는 설명과 분석은 아이에게 훨씬 명확한 교훈이 될 것이며, 평생의 신념으로 자리 잡을 것이다.

Q 아이가 외롭고, 친구가 없다고 하는데 어떻게 해야 하나요?

A 실제로는 친구 몇 명이 있는 예도 있습니다. 그것을 부모도 알고 있을 수 있습니다. 그렇다 하더라도 일단 아이의 감정을 그대로 인정해야 합니다. 그리고 차분하게 왜 그렇게 느끼게 되었는지 물어보아야 합니다. 왜 친구가 아이를 받아들이지 않는다고 느끼는지 아이가 말하도록 유도하십시오. 추궁당하는 느낌이 들지 않도록, 본인이 스스로 여러 가지를 생각해보고 발견할 수 있도록 시간을 갖고 많은 이야기를 해보도록 유도한 뒤 방법을 찾으십시오.

Q 우리 아이는 친구들에게 짜증을 잘 부려요. 친구들에게 좀 더 너그럽게 굴도록 유도할 방법이 없을까요?

A 우선 다른 아이들이 악의를 가진 것이 아니라는 것을 말하십시오. 사람들이란 다 각자의 삶 속에서 나름대로 고군분투합니다. 그래서 좌절감에서 거칠어지기도 하고, 잘 모르는 가운데 거슬리는 행동을 할 수 있습니다. 다소 철학적인 문제가 되겠지요. 하지만 그런 대화가 아이에게 다른 사람의 상황에서 생각하

는 법을 배우게 할 수 있습니다. 지적인 능력이나 외모와 다른 숨어 있는 가치에 관해서도 이야기할 필요가 있습니다.

Q 우리 아이는 매사에 냉소적입니다. 어떻게 해야 할까요?

A 냉소적인 태도 밑에는 항상 그 사람이 그리는 이상적인 세상에 대한 생각이 들어 있습니다. 아이가 그리는 이상은 현재 현실의 벽에 부딪혀 있는 상태입니다. 그것을 표현하도록 유도해 보십시오. 자기 자신에 대해 또 세상에 대해 멋진 유머 감각을 갖도록 하면 큰 도움이 됩니다. 코미디를 보는 것은 그런 의미에서 대단히 교육적일 수 있습니다. 부모는 쉽게 이해하지 못합니다만 아이가 사회생활을 원만히 만들어나가는 데 꼭 필요한 것일 수 있습니다.

Q 우리 아이가 갑자기 아주 지적으로 떨어지는 친구와 어울리기 시작했어요. 아이의 지적 발달에 해롭지 않을까요?

A 그렇지 않습니다. 또 겉으로 보이는 것과 다른 요소도 많습니다. 현재는 지적인 성취보다 또래 집단과의 사귐이 훨씬 중요

한 시점입니다. 시간이 감에 따라 아이는 또래 집단과의 사귐 못지않게 다른 요소도 중요하다는 것을 자연스럽게 깨닫게 됩니다. 겉으로는 그렇게 보이지 않아도 아이는 지적인 내용을 끊임없이 흡수하고 있습니다. 아이의 지적 능력은 일시적으로 지적인 자극이 차단된다든지, 공부하지 않는다고 해서 사라지는 것이 아닙니다. 최소한 열 살에서 열두 살 이상의 아이들은 전혀 영향이 없다고 합니다. 지금은 친구 관계를 잘 만들고 유지하는 것, 좋은 친구를 선별하는 능력을 키우는 것이 중요합니다. 아이가 여러 친구와 사귀도록 도와주는 것이 좋습니다.

Q 우리 아이는 상상의 친구를 만들어 놓고 있습니다. 괜찮을까요? 혹시 진짜 친구를 사귀는 것을 포기한 것 아닐까요?

A 지능이 높은 아이들은 그런 상상의 친구를 잘 만듭니다. 심지어 부모들에게 그런 상상의 친구를 위한 배려를 요구하기도 합니다. 아이가 그런 상상의 친구에 대해 부모와 이야기하고 친구에 대한 자기감정을 표현한다면, 문제 되지 않습니다. 부모가 이해하지 못할 것 같아 숨기고 혼자만의 세계에 가두는 것이 오

히려 문제가 됩니다. 아이가 학교에 가거나 다양한 친구들을 사귀면 대개 그런 버릇은 차츰 없어집니다. 한동안은 그런 놀이가 아이의 창의력을 계발하는 데 도움이 됩니다. 자기 연출력을 발달시키는 데도 도움이 됩니다. 아이의 '상상의 친구'에 대해 놀리는 말이나 행동은 금물입니다.

Q 우리 아이는 천성적으로 혼자 있기를 좋아합니다. 그것을 훨씬 좋아하는 것 같아요. 그런 것에 만족하고 무언가 바쁘다면 그것대로 좋은 것 아닐까요?

A 당분간은 나쁠 것 없습니다. 하지만 아이가 혼자 있는 것을 좋아하는 것과 다른 사람과 사귀는 것을 두려워하는 것은 매우 다른 문제입니다. 그런 점을 분명히 해야 아이 스스로 원하는 것을 택할 수 있습니다. 아이들의 사회성은 개발되는 것이지 천성적으로 타고나는 것은 아닙니다. 사회성이란 의미 있는 그리고 서로에게 도움이 되는 인간관계를 만드는 능력입니다. 어른들에게도 이런 능력은 요구됩니다.

대가족을 거느리는 사람은 가지 많은 나무처럼, 슬픔도 많지만, 즐거움도 많은 법이다.

– 벤저민 프랭클린

관심이 없는 곳에는 질투도 없는 법이다.

– 워싱턴 어빙

모든 개인은 세상의 한구석을 채우는 만큼, 그가 원하든 원하지 않든 어떤 점에서는 중요하다.

– 나다나엘 호손

마땅히 그래야 하는 것처럼, 그가 가진 가능성만큼 완성될 수 있도록 도와주고 대우해야 한다.

– 요한 볼프강 폰 괴테

가족생활이란 너무도 친밀해서 정의로만 다스릴 수 없다. 정의를 넘어서는 사랑의 정신으로 유지되는 것이다.

– 라인홀트 니버

chapter 09
형제자매 관계에
균형감을 가져라

어떤 가족은 영재 때문에 형제자매 관계에 어려움을 겪고 통제할 수 없다고 한다. 하지만 오히려 어떤 집에서는 영재가 가족 사이에 윤활유 역할을 하면서 아주 즐겁게 해준다고 한다. 무엇이 이런 차이를 만들까? 어떻게 해야 영재와 형제자매 사이의 관계를 잘 만들어갈까? 완벽한 지침서가 되진 못하겠지만, chapter 09에서 다루는 내용은 부모들에게 아주 좋은 정보가 될 것이다.

서열에 따른 특징을 파악해라

여러 연구 결과, 맏이는 가장 오랫동안 부모의 관심을 받으며,

재능을 조기에 발견하고, 가장 성공할 확률이 높다고 한다. 그래서 대체로 진지하고, 감수성이 예민하고, 양심적이고 어른들에게 인정받는다. 부모와의 관계도 더 각별하고, 큰 기대를 받으며, 더욱 많은 시간을 같이 지낸다. 부모들은 맏이가 동생들의 본이 돼주기를 기대한다. 일정 기간 부모는 아이에게 있어 세상과의 유일한 통로가 된다.

둘째는 맏이보다 훨씬 부모나 성인을 따르지 않는다. 부모보다는 형, 누나, 언니, 오빠에 관심을 보인다. 맏이보다 성취에 덜 민감하고, 부모를 만족하게 하는 일에 안달하지 않는다. 외부 세계에 관심이 많고 친구 관계에 우호적이고 개방적이다. 부모들은 대개 동생에게는 더욱 느긋하고, 시간도 덜 할애하고, 덜 열성적이다. 아이가 셋 이상이면서 중간인 경우, 대개 가족 내에서의 위치가 불명확하다. 막내는 막내이기 때문에 독특한 태도를 보인다. 맏이는 일정한 특권을 확보하지만, 중간 형제는 흔히 관심 밖이거나 무시당하거나 샌드위치가 돼버린다고 느낀다.

치열한
역할 경쟁을 활용해라

아이들은 가족 내에서 특별한 역할을 갖기를 원한다. 각자의 독특한 위치를 차지하기 위해 애쓰면서, 다른 형제나 자매를 예의 주시한다. 관찰 결과를 바탕으로 자신을 평가하고 자신의 자리를 찾으려고 한다. 예를 들어 부모가 다른 아이에게 '물건을 잘 고치는 아이' '웃기는 재주가 있는 아이' '엄마 아빠를 잘 도와주는 아이'라고 하면 자신은 다른 역할을 찾는다. 실제로는 자기도 할 수 있는 일인데 그쪽에는 관심도 두지 않는다. 그러다 그 아이가 약점을 보이면, 바로 자기가 더 잘할 수 있다는 것을 보이기 위해 뛰어들어 오기도 한다. 이런 역할에 대한 경쟁 때문에 자연스러운 관심, 능력, 성격, 기질의 차이가 실제보다는 훨씬 과장되게 나타나는 경향도 있다.

내가 너보다 잘났어!

아이들이 서로를 비교하기 시작하면 경쟁 관계가 아주 치열해진다. 어떤 경우는 아주 극단적이 되기도 하는데 온갖 야비한 수단이 동원되기도 한다. 어릴 때 기억을 되살려보면 알 수 있을 것이다. 형제자매 사이에서 그토록 치열한 경쟁 관계가 생기는 원인이 무엇일까? 어떤 경우는 자기의 영향력을 확인하려는 때도 있지만, 대부분은 어른들, 특히 부모에게 칭찬받고, 관심을 끌고, 특별한 인정을 받고 싶어서다.

형제자매라 하더라도 기질의 차이가 있고, 지적인 능력의 차이가 있기 마련이다. 머리 좋은 아이는 그런 면에서도 한 수 위다. 의식적이든 무의식적이든 그런 아이들은 부모의 관심을 끌고 무언가를 요구하더라도 더욱 교묘하고 어른스럽고, 그럴듯하다. 그 아이가 맏이라면 동생한테는 더욱 치명적이다. 말도 잘하고 부모를 독차지한 기간이 적지 않았던 만큼 절대적으로 유리하다. 부모의 관심을 집중시켜 나머지 아이에게 부모가 나누어줄 시간과 자원을 모조리 가져가는 것이다. 특별한 재능을 가진 경우에는 그 아이의 특별한 교육을 위해 집안의 모든 것을 투자해, 나머지 아이가 피해를 보기도 한다.

나는
너보다 못났어!

어떤 학자는 객관적으로 유능하고 지적 능력이 분명한 경우에 오히려 선거에서 패하는 후보가 많다는 것을 발견했다. 똑똑한 사람들에 대한 원초적인 거부감은 유년 시절 형성된 똑똑한 형제자매에 대한 뿌리 깊은 원망과 관계가 있다는 것이다. 영재를 형제로 둔 아이는 흔히 자신감의 결여나 분노를 보인다. 이 아이들의 재능은 쉽게 발견되지 않고 계발되지도 않는다. 가족 내에서 '똑똑한 아이'라는 타이틀은 누군가 이미 갖고 있어, 일찍부터 포기한다.

맏이가 어떤 지적인 잠재력을 보이면 부모들은 동생도 비슷한 기준으로 평가하려고 한다. 그러나 어떠한 재능은 나중에 발견될 수도 있고, 아주 다른 형태를 가질 수도 있다. 수학이나 과학에 대한 재능은 감수성이나 인간관계를 만들어가는 재능보다는 쉽게 판별된다. 모든 아이는 일정한 능력이 있다. 관심 있게 살피면 무엇인지 알 수 있고, 공식적으로 평가해줄 수 있다.

비교하지 마라

형제자매를 비교하는 것은 절대 피해야 한다. 어떤 때는 상대적으로 부모의 인정을 받는 아이에게 해가 되고, 어떤 때는 인정받지 못하는 아이에게 해가 된다. "너는 왜 네 형처럼 친구들이 따르지를 않니?" "네 누나가 너만 할 때는 글자도 다 깨우쳤어" "너는 왜 동생만큼 이런 일들을 해결하지 못하니?" "형 반만이라도 따라가면 좋겠다" "도대체 열심히 하는 것을 볼 수가 없어. 네 동생을 좀 봐" 등등. 같은 아버지, 어머니의 자식이어도 형제자매가 같을 수는 없다. 어떤 기준으로든 차이가 있고 장단점이 있기 마련이다. 그 차이는 아주 적을 수도 있고 클 수도 있다. 부모는 같은 집에 사는 아이들을 쉽게 비교할 수 있고, 그것으로 아이를 자극하고 분발하게 하고 싶은 유혹에 빠진다. 우리 부모들이 그랬으니까, 당할 때는 아주 싫었어도 애들에게 그 정도는 할 수 있다고 생각한다.

그러나 생각해야 할 것은 그 결과가 어땠는지 차분히 따져보는 것이다. 더 분발해서 열심히 공부하고 노력했는가? 성격에는 어떤 영향을 주었나? 형제자매 사이의 갈등과 말끔하지 못한 상처는 대개 그런 것으로부터 시작된 것은 아닐까? 장점을 강화하는 쪽이 약점을 강조하는 것보다 좋다.

부모가 형제자매를 비교하는 일을 조심스럽게 피한다 하더라도, 다른 사람들이 비교하는 일까지 막아내기는 현실적으로 어렵다. 할아버지, 할머니, 삼촌, 아주머니 등 주변 어른들은 대부분 부주의하게 형제자매를 비교하며 아이들에게 상처를 준다. 그리고 형제자매 사이의 갈등과 경쟁에 기름을 붓는다. 이런 일을 막는 것이 어렵기는 하지만 불가능하지는 않다. 단호하게 가정의 규칙으로 선포하고, 적어도 우리 집안에서는 이런 식의 행동이나 말을 묵과하지 않겠다는 것을 분명히 하는 것이다. 아이들에게 해가 되는 것이 너무도 명백하니까, 이런 것에 대해서는 타협 없는 태도를 보여야만 한다.

아이들에게도 협조와 이해를 구하고, 스스로 그런 이야기를 거부하고 피하도록 교육할 필요가 있다. 집 바깥에서 일어나는 일, 선생님, 학원 교사, 동네 어른들은 부모라도 어쩔 도리가 없다. 상대적으로 그런 사람들의 비평은 아이에게 주는 타격이 크지 않다. 그렇다 하더라도 아이에게 칭찬을 자주 하고, 장점을 충분히 격려함으로써 밖에서 들을 수 있는 부정적인 비평을 보상해줄 필요가 있다. 아이의 개성과 장점을 계속해서 인정하고 공개적으로 칭찬하면 아이들 사이의 갈등과 경쟁을 완화할 수 있다. 분명한 효과가 있다.

마음을 읽어라

형제자매 사이에 갈등, 경쟁이 깊어지면 여러 가지 형태로 표출된다. 적대적인 행동, 고자질, 비아냥, 군림, 물건 빼앗기, 골탕 먹이기, 비난, 욕하기, 주먹다짐…. 사실 어려운 일이긴 하지만, 이럴 경우, 싸움보다는 그 아래 깔린 의도를 읽어야 한다. 부정적이든 긍정적이든 아이들은 일단 부모의 관심을 얻으려는 의도가 있다. 아이는 분노의 표정과 태도를 보이지만 사실은 실의와 절망감에서 이런 행동을 보이는 것이다.

아이는 부모의 관심이 자기에게서 멀어지고 있다고 느끼고 있으며, 심한 외로움으로 불안한 상태다. 이런 수면 아래 있는 아이의 심리를 읽지 못하면, 아이의 행동은 지극히 불합리하고 모순된 것처럼 보인다. 화를 내야 할 어떤 이유도 없고, 지극히 편향된 시각으로 상황을 이기적으로 바라보는 것 같다. 부모가 그런 수면 아래에 있는 아이의 심리를 읽을 수 있으면 적절한 대응이 가능하다. 당장 싸움을 말리는 것으로 끝내지 않고 아이가 느끼는 불안감과 외로움을 위로하고, 가족 내 그 아이의 가치와 위치를 일깨워 줄 수 있다.

아이들의 경쟁은 간혹 따라 하기로 나타나기도 한다. 아이가 보기에 부모에게 가장 인정받는 형제를 따라 하는 것이다. 혹은 부모에게 인정받고 눈에 들기 위해, 부모의 버릇이나 말투를 흉내 내기도 한다. 일반적으로 보면 이런 흉내 내기는 바람직하다. 그런 과정을 통해 아이는 새로운 문화를 익히고 자기의 이미지를 만들어나갈 수도 있기 때문이다. 그것이 자연스럽고 적절한 성장 과정이라 할 수 있다. 하지만 그런 따라 하기도 지나치면, 반드시 좋다고만은 할 수 없다.

경험을 활용해라

자신의 어린 시절을 되새겨볼 필요가 있다. 어릴 때 가족 안에서 나의 위치는 어땠나? 그때 상처가 부지불식간에 아이에게 투사되지는 않았나? 경쟁 관계에 있던 형제자매의 이미지가 자녀에게서 발견될 수도 있다. 그때 감성이 되살아나서 모르는 사이에 아이의 실체가 아닌 다른 평가를 할 수 있다. 분노와 절망감이 되살아날 수도 있다.

유년 시절의 부정적인 가족 관계가 재현되는 일은 실제로 많이 발견된다. 그것을 피하려면 이상적인 형제자매에 대한 모델을 설정하고 부정적인 관계의 고리를 끊을 수 있는 지혜와 고민이 필요하다. 자신의 경험 분석을 통해 아이들의 심리를 더욱 깊이 이해하고 좋은 형제자매 관계를 아이들에게 제공해야 한다.

부정적인 본보기를 제거해라

외부의 영향을 받아 형제간 대립이 생기고 행동 양식이 부정적이 될 수도 있다. 부모, 텔레비전, 교사, 영화는 기본적인 역할 모델을 제공한다. 아이들은 그것을 보면서 '가족이란 대체로 이런 관계구나'를 배운다. 하지만 불행하게도 역할 모델들이 너무나 자주 이기적이고, 폭력적인 모습을 보여준다. 다정스럽게 돌보는 모습보다는 모욕하고 비꼬고 복수하고 함부로 대하는 모습을 자주 노출한다. 이런 나쁜 모델의 영향을 극복하기 위해선 부모의 능동적인 행동이 필요하다. 자극적인 텔레비전 프로그램보다는 좀 더 건전한 활동으로 그 시간을 대체해야 한다. 해가 되는 모델을 보게 되면, 나쁘다는 것을 반드시 보여주어야 한다. 그런 말이나 행동이 어떤 결과를 주는지 설명해야 한다.

무조건 개입하지 마라

아이들이 다투고 있으면 어떻게 해야 할까? 되도록 부모는 끼어들지 않는 것이 좋다. 다툴 때마다 부모가 개입하면 아이들은 부모의 관심을 끄는 수단으로 다툼을 이용하는 버릇을 갖게 될 수 있다. 부모의 관심이 필요하다고 느끼면 일부러 싸움 거리를 찾아내 아무것도 아닌 것으로 시비를 시작한다. 실제로 크게 다치는 상황이 아니라면 내버려두는 것이 좋다. 그렇게 하면 대개, 아이들이 상황을 스스로 해결할 수 있다. 동시에 부모가 아이들을 믿고 있다는 것을 알려주는 효과도 있다.

그렇다고 해서 전혀 무관심으로 일관하라는 이야기는 아니다. 한 아이가 계속 억울한 상황에 부닥친다면 개입이 필요하다. 다툼이 있을 때마다 개입하는 것은 바람직하지 않지만 어떤 일정한 기준을 세울 필요는 있다. 모두한테 합리적이고 정당한 대접을 해주어야 하고, 특별히 무언가 약한 아이에게 함부로 못된 짓을 못 하게 해야 한다. 그런 것은 절대로 용서할 수 없다는 것을 분명히 해야 한다. 행동으로나 말로나 서로에게 상처를 주어서는 안 된다는 것을 반복해서 가르쳐야 한다. 서로 의존 관계라는 것을 깨우쳐주고 상대방의 기분, 느낌을 존중하는 법을 가르쳐야 한다. 예를 든다면, "네가 동생을 놀리는 것을 볼 때마다 내 마음이 몹시 아프구나. 너도 때로 동생에게 네 숙제를 도와달라는 일도 있더구나. 그런데 그렇게 해서야 되겠니?" 하는 식이다.

훈계할 때도 지나치게 가혹하거나 너무 오래 야단하지 않도록 주의한다. 부모의 체벌과 훈육이 가혹할수록 형제 사이의 경쟁도 격화된다. 아이들은 부모의 애정과 평가에 훨씬 민감하기 때문이다. 불안하고 죄책감을 심하게 느낄수록 아이는 더 절망적으로 형제 사이의 경쟁에서 뒤처지지 않으려고 하기 때문이다. 그러한 강박은 아이의 안정된 인격 형성에 상당한 분담으로 작용한다.

때로 부모들은 그런 경쟁을 통해 학업 성적 등의 부모가 원하는 것을 얻으려고 유도하지만, 아이의 균형 잡힌 인격 형성에는 치명적인 해가 될 수 있다. 아이를 훈육할 때라도 언제나 아이의 행동 밑에 깔린 동기와 원인에 주목해야 한다.

긍정적인 역할을 부여해라

아이가 어떤 긍정적이고 적극적인 임무를 수행하면 분명하게 그것을 인정해줄 필요가 있다. 아이들은 실제로 가정 안에서 어떤 역할을 발견하고 여러 가지로 가족들에 도움을 줄 수 있다. 자신의 그런 가능성을 인식한다는 것은 대단히 중요하다. 아이가 오늘은 '발견자'가 되고, 내일은 '협력자', 다음 주에는 '수리공'이 되도록 유도하는 식이다. 공부만 잘하는 것이 아니라 손과 발을 움직여 하는 일에도 재능이 있다는 것을 발견하는 것은 아이에게 상당한 자신감을 불어 넣어 줄 수 있다. 이런 과정을 통해 아이는 자아의식의 확대를 경험한다. 그리고 어떤 역할은 다른 형제 영역에 대한 침범이 아니고 공유할 수도 있다는 것을 자연스럽게 깨닫게 된다.

협력하도록 격려해라

형제 중 한 아이가 먼저 자신의 정체성에 자신을 갖게 되면, 다른 형제의 정체성 확립에도 도움을 줄 수 있다. 이것을 우리는 '형제간의 시너지'라고 부른다. 형제간 시너지 관계가 성립하게 되면 아이들은 경쟁하기보다는 협력하고 돕게 된다. 당연한 일이다. 형제 사이의 영향이 더욱 커지고 가족 전체에게 좋은 영향을 준다. 이때 부모가 할 일은 힘을 발전적인 목표에 두고 그쪽으로 향하도록 잘 조율하는 일이다.

형제간의 경쟁과 시너지는 사실 항상 공존한다는 것을 기억할 필요가 있다. 아이들은 24시간 내내 다투지 않는다. 대부분의 시간, 아이들은 서로의 친구이며 동반자다. 자아가 강한 아이는 형제간 경쟁을 통해 더욱 발전하기도 한다. 경쟁적인 요소를 완전히 없애려는 시도는 하지 않는 것이 좋다. 실패할 게 뻔한 불가능한 일이다. 부모는 단지 적정 수준으로 통제하는 역할을 해야 한다.

가족 관계에 균형을 유지해라

형제들 사이에 독특한 자기 역할이 선명하게 배분되면 안정이 된다. 각자가 자기 영역이 있으며 가족 간의 전통적인 역할에 대해서 서로 의존하게 된다. 특히 각자가 가치를 평가받고 수용이 되면 가족의 기능은 원활해진다. 마치 태양계의 행성들이 자기의 궤도를 돌면서도 서로 부딪히지 않는 것과 같다.

그러다 예상하기 어려운 새로운 상황이 발생하면 균형이 깨진다. 질병, 새로운 역할, 이사, 진학, 진급, 이혼, 재혼 등이다. 새로운 균형이 이뤄지기까지 3~9개월까지 시간이 걸린다. 이런 재조정 기간에는 형제자매들이 서로의 반응을 보기 위해 테스트를 하게 되면서 갈등을 겪는다. 새로운 역할을 경합하거나 이전의 역할을 고수하려 한다.

새로운 균형 상태에 도달할 때까지 가족의 인내력은 커다란 시험을 치르게 된다. 새로운 균형 상태가 옛날의 것과 비슷할 수도 있고, 전혀 새로울 수도 있다. 더욱 바람직하고 만족스러울 수도 있지만, 오히려 더 건전하지 못할 수도 있다. 위기는 곧 기회라는 말이 딱 맞는 경우다. 비유하자면 한 발을 들고 있는 사람을 슬쩍 미는 것과 같다. 어떤 쪽으로 밀면 두 발을 딛게 되면서 더욱 튼튼한 자세를 취하게 되지만 잘못된 방향으로 밀면 사람을 넘어뜨리게 된다.

이런 기회를 통해 아이들은 새로운 역할을 배우고 다양한 활동을 경험하게 될 수도 있지만, 잘못하면 가족 관계를 파괴할 수도 있다는 점을 기억하자.

Q 학교 성적이 처지는 아이가 그래도 자신의 학업 성취에 자신감을 느끼게 하는 방법은 없을까요?

A 부모님 스스로 '아이가 똑똑한가, 아닌가'라는 의식의 함정에 빠지지 않도록 해야 합니다. 인생의 모든 것이 그렇듯이 아이가 어떤 분야에 어느 정도의 능력을 갖추고 있느냐가 더 중요합니다. 아이가 최소한 한 가지 분야에서는 자신의 천재성을 발견할 수 있도록 돕는 것이 부모의 역할입니다. 물론 우리는 아이가 여러 가지 재능을 가졌다는 것을 확인하고 싶어 합니다. 아니면 모든 일에 그러기를 원하기도 합니다. 하지만 아이는 자기가 가진 잠재력에 맞는 수준에 적당한 시기에 도달해야 합니다. 부모들도 그 정도를 기대해야 합니다. 중요한 것은 지적 능력 못지않게 또 다른 능력들도 존중돼야 할 필요가 있으며, 그것의 가치를 아이 스스로 평가할 수 있도록 부모가 도와주어야 한다는 것입니다.

Q 우리 아이 중 하나는 유난히 튀고 다른 아이는 지나치게 내성적이었습니다. 그러던 어느 날 갑자기 그 반대가 돼버렸습

니다. 이게 정상적인 것인가요?

A 흔한 일입니다. 특히 쌍둥이에 자주 나타나는 현상입니다. 무언가 이러한 역전 현상을 자극하는 어떤 사건이 있었을 겁니다. 한 아이가 심한 병치레를 했다던가 하는 경우입니다. 가족 안에 어떤 역할을 한 아이가 선점하고 있으면 다른 아이는 그 역할을 경합하기보다는 다른 역할을 맡음으로 경쟁을 피하려는 경향이 있습니다. 그러다가 그 역할을 차지할 기회가 생기거나 다른 아이가 그것보다는 좀 더 다른 역할을 갖기를 원하는 경우 일어나는 현상입니다. 좀 더 다른 역할을 원한다는 것은 또 다른 성장 단계로 진입하는 것을 의미합니다. 지능이 높은 아이들일수록 그러한 역할의 변화가 빠르고 잦은 경향이 나타납니다.

Q 우리 아이들은 끊임없이 서로 간섭하고 잔소리를 합니다. 이런 습관을 어떻게 해야 바로잡을까요?

A 아이들이 무엇으로 경합하는지를 잘 지켜보십시오. 장난감이나 애완동물, 연필, 책은 그저 도구에 불과할 수 있습니다. 아이들이 원하는 것은 부모의 관심이거나 집안에서의 주도권입니다. 보통 부모들은 아이들이 얌전하고 조용히 자기 일을 할 때보다는 말썽을 부리고 소란을 피우고 싸울 때 관심을 가집니다. 아이들은 부모의 관심을 끌기 위해서는 무언가 소란을 피워야 한다는

잠재의식이 있습니다. 접근 방향을 완전히 반대로 해보십시오. 아이들이 서로 다투고 승강이를 벌이는 것을 자연스러운 것으로 인식하고 관심을 두지 않도록 합니다. 아이들이 진정 원하는 것은 싸움에서의 승리가 아니므로 싸움이 극단으로 가지는 않습니다.

아이들이 다투기 시작하면 책을 들고 밖으로 나가는 부모도 있습니다. 이 부모는 집으로 돌아왔는데 계속 다투고 있으면 아무 말 없이 다시 나간다고 합니다. 최대한 아이들의 다툼에 관심이 없다는 것을 명백하게 보여주는 것입니다. 대신 아이들이 조용히 협력하고 있거나 각자의 일을 하고 있을 때는 주머니 속에 초콜릿, 사탕, 과자들 넣고 다니다가 꺼내 주면서 크게 칭찬하도록 합니다. 아이들이 서로 협력한 것이 부모에게 도움이 되었다는 것을 적극적으로 평가하는 것입니다. 순서를 정해놓고 한 명씩 아이의 이야기를 듣는 것도 크게 도움이 됩니다. 그런 시간은 짧지만 자주 갖는 것이 더 효과적입니다. 아이와 함께 가까운 슈퍼마켓에 갔다 오는 데는 10분이나 15분밖에 걸리지 않습니다. 하지만 아이에게는 온 가족이 놀이동산에 갔다 오는 5시간보다 값진 것이 될 수 있습니다.

Q 아이들의 다툼을 언제까지 참아야 할까요? 큰 아이 혹은 머리 좋은 아이가 언제나 이기곤 하는데 그냥 내버려두어야 할까요?

A 앞에서 말한 것처럼 아주 많이 참아야 합니다. 그러나 아이

들이 상대방의 처지를 이해하도록 유도할 필요는 있습니다. 역할극 특히 반대쪽의 역할을 하도록 하는 것은 큰 도움이 됩니다. 처음에는 싸움이 일어난 상황을 재현하고, 그다음엔 싸움하기보다는 의논해서 문제를 해결하는 시나리오를 만들어서 해보는 것입니다. 이런 접근 방법은 한참 싸움의 열기가 높을 때는 효과가 없습니다. 각자의 방으로 가서 냉각기를 갖도록 한다든가 중립 코너를 만들어야 합니다. 그리고 시간이 지난 뒤, 상대방의 처지를 이해하도록 훈련해야 합니다. 물론 부모 스스로 이견을 조정해 나가는 모범을 보여주어야 합니다. 아이들 앞에서 이견을 조정하는 모델을 제시하는 것은 아이들에게 가장 큰 교육이 됩니다.

큰 아이 머리 좋은 아이가 늘 이기는 것은 아이들의 성격에 상당한 영향을 끼칩니다. 아이들의 열등의식이나 거만함, 세상을 보는 기본적인 태도, 즉 낙관주의, 비관주의 등이 대부분 그런 성장기 경험에 뿌리를 두고 있습니다. 효과적인 처방이라면 앞에서 이야기했던 것처럼, 아이와 짧지만 되도록 자주 그리고 정기적으로 '특별한 시간'을 골고루 갖는 것입니다. 특별한 시간에는 아이가 느낌과 주장을 충분히 표현할 수 있도록 배려하고 부모가 주의 깊게 들어야 합니다. 그래서 각 아이가 갖는 특징과 장점을 발견하고 적극적으로 평가해야 합니다. 그런 가운데 아이들이 주장하는 바에 따라서 다툼에 대해 공정하고 합리적인 판정을 해야 합니다. 아이들이 주장하는 것들 가운데 왜곡된 부분은 바로 잡아주어야 하며, 상대방이 받는 느낌과 태도에 대해서도 인식하고 이해할 수 있도록 도와주어야 합니다. 부모는 반드시 합리적이며 공정한 태도를 견지해야 합니다.

Q 18개월 된 아이가 형제자매에 질투를 느낀다면 믿겠습니까?
A 당연한 일입니다. 지능이 높은 아이들은 훨씬 빨리 인지 능력이 나타납니다. 그런 아이들은 스스로 원하는 것이 무엇인지 빨리 인식하며 형제들보다 그런 것을 얻기 위한 경쟁에 적극적인 경향을 보입니다.

Q 중간내기에 문제가 있나요?
A 그렇습니다. 맏이는 성취에 많은 압력을 받습니다. 성인 활동에 가장 적극적입니다. 그래서 맏이가 가진 재능은 비교적 빨리 판별되곤 합니다. 막내는 막내의 특권을 누립니다. 가장 귀여움을 많이 받습니다. 그러는 사이 중간내기는 자기 자리를 찾기 어려울 수가 있습니다. 많은 중간내기가 영재성을 갖고 있는데도 제대로 판별받지 못합니다. 그래서 정체성과 자존감을 찾는 데 어려움을 겪는 경우가 많습니다.

오래된 잘못은 새로운 진리보다 인기 있기 마련이다.

― 독일 속담

중요한 것은 질문을 멈추지 않아야 한다는 것이다.

― 알베르트 아인슈타인

언제부터 천재가 존경받아 왔던가요?

― 엘리자베스 배럿 브라우닝

아이들에게 물려줄 수 있는 귀중한 유산이 두 가지 있습니다. 하나는 뿌리고, 하나는 날개입니다.

― 하딩 카터

chapter 10
관습에 얽매이지 마라

우리가 사는 세상은 전통, 관습이 지배하고 있다. 옷차림, 식사 예절부터 시작해서 윤리, 도덕, 관례에 이르기까지 모든 것에 전통이 있다. 어떤 전통은 문화 전체에 영향을 주기도 하고, 사회 전반을 통제하기도 한다. 사회의 일체감, 통합을 이루도록 한다. 전통은 관례·관행으로만 남아 있기도 하고, 행동 양식일 수도 있고, 명문화돼 있을 수도 있고, 불문율일 수도 있다. 전통은 가치관, 목표, 역사, 느낌을 사람과 사람 사이, 집단과 집단 사이, 세대와 세대 사이로 전달하는 통로가 된다. 그렇게 함으로써 우리는 전통을 공유하는 타인과 약속하고 이행하는 과정을 통해 신뢰를 쌓는다. 그렇게 우리 생활의 기본 구조를 공고히 하고, 가치를 분명히 한다. 이런 과정을 통해 남이 나에게 기대하는 것이 무엇인지 이해할 수 있다.

문화적
경험을 공유해라

우리가 세상 일부가 되려면 토대가 되는 밑뿌리를 공유해야 한다. 이 뿌리를 통해 우리의 문화 경험을 공유한다. 또 그 의미를 깊숙이 침투시키게 된다. 이런 뿌리를 공유하면 우리는 그것으로부터 안정감과 소속감을 느끼게 된다. 어린아이에게 있어 그 뿌리란 언제나 가정의 전통이다. 가족 구성원과 함께 오랜 시간같이 함으로써 아이들은 강력한 전통의 뿌리를 확보하게 된다. 아이가 자라면서 다른 배경을 가진 사람들과의 관계를 경험해나가고, 이런 경험의 뿌리는 옆으로 곁가지를 뻗게 된다. 이런 경험들 역시 보다 넓은 의미의 집단, 공동체에 대한 소속감과 안정감을 형성하게 하는 작용을 한다. 그렇게 해서 우리는 세상으로 나가는 것이다.

기본적인
통과 의례를 거쳐라

전통, 의식, 관습은 특정한 성장 단계와 관계돼 있다. 그래서 아이들이 자라남에 따라 어떤 규칙은 변경되기도 하고 폐기되기도 한다. 아이가 학교에 들어가면 아주 새로운 일련의 의식을 배워야 한다. 낮잠 시간이 주어진다거나 하는 일은 이제는 용납되지 않는다. 새로운 단계가 시작되면 생활 방식을 바꾸어야 한다. 기대치도 달라지고 친구도 달라지고 늘 주어지던 혜택이 없어지기도 하고, 새로운 혜택이 주어지기도 하고 가끔은 그런 기대가 명시적으로 표현되기도 한다. 예를 들어 특정 상품의 운동화를 신어야만 하는 이유도 그런 것들과 관계가 있다.

유치원생이나 초등학교 1학년생들은 공동체에서 제공하는 일반적인 프로그램을 경험하게 된다. 그런데 그 내용이 영재에게는 아주 유치하고 하찮고 불합리하게 느껴질 수 있다. 실제로 이런 아이들에게는 전혀 불필요한 것일 수 있다. 유년 시절을 거치는 동안 영재는 일련의 이런 당황스러운 경험을 잘 극복해야 한다.

・

관습 거부를 받아들여라

영재는 몇 가지 사항에서 전통과 갈등을 일으키는 경우가 있다. 이 아이들은 지적인 혹은 신체적인 발달 과정에서 다른 아이들보다 빨리 성장하다 보니, 그 나이에 맞는 의식이나 전통과는 맞지 않을 수 있다. 사회가 기대하는 바와 다른 모습이 나타난다. 사춘기를 무척 어린 나이 예를 들어, 예닐곱 살에 경험할 수도 있고, 열 살도 안 돼서 철학적인 회의에 빠질 수도 있다.

콜버그 교수가 제시한 '도덕성 발달 단계'가 있다. 영재들은 이런 발달 단계를 또래보다 훨씬 일찍 경험하고, 다른 특징을 보인다. 다른 아이들은 당연하다고 받아들이는 여러 가지 전통에 영재는 의문을 제기하고, 도전하고 반항하는 경향을 보이다.

발달 단계 중 마지막 두 단계에 도달하는 사람은 전체에서 10% 이하라고 한다. 경험에 비추어, 영재들은 성장이 어떤 이유로 차단되지 않으면 상위 단계까지 도달할 수 있다. 이 단계에 도달하는 사람이 지도자가 되며, 새로운 것을 창안해내고, 발명한다. 그렇게 해서 사회에 공헌하고, 지식과 철학을 새롭게 정립되는 데 이바지한다.

어떤 전통은 사회의 흐름을 유연하게 하고 예측할 수 있게 한다. 하지만 옛날부터, 즉 문명이 발달하지 못한 시대로부터 전해오고 있다는 이유로 남아 있는 것들도 있다. 아무 의미 없이 그저 습관처럼 지켜야 하는 것들 말이다. 어떤 것은 개인을 억압하고, 발전을 가로막고 있는 것들도 있다. 분석력이 뛰어난 아이는 그래서 많은 질문을 던지며, 이런 관행을 거부하는 것이다.

도덕성 발달 단계

이기적인 복종 단계	1	· 처벌이 두려워 규칙을 따른다. · 복종하되 체벌이라는 결과를 회피한다.
	2	· 무언가 남을 위해 일한다. · 보상을 바라고, 자신의 이익을 중시한다.
전통에 순응하는 단계	1	· 다수에게 유리한 것이 윤리적으로 옳다고 생각한다. · 다수가 만족하는 도덕적 행동을 중시한다.
	2	· 사회적 규칙을 중요하게 생각한다. · 배척을 피하고, 규칙과 의무를 정당하다고 받아들인다.
전통을 뛰어넘은 단계	1	· 개인적인 양심을 따른다. · 도덕적 기준에서 개인의 권리와 공정한 절차를 생각한다.
	2	· 보편적인 윤리 원칙과 추상적인 도덕에 대해 고민한다. · 보편성, 일관성, 논리적인 설득력을 강조한다.

'왜?'를 당연하게 생각해라

맹신, 조건 없는 복종, 수동적인 전통의 수용은 영재의 본성과 갈등을 일으킨다. 영재는 끊임없이 '왜'냐고 묻는다.

"왜 나이 든 어른이 방으로 들어오면 일어나야 해요? 저는 아주 중요한 일을 하는 중인데요" "왜 글자를 반듯이 써야만 하지요? 보고 읽을 수만 있으면 되지 않나요?" "왜 남자는 치마를 입으면 안 돼요? 벌거벗고 있지만 않으면 되는 거 아니에요?" "왜 정치인들은 지키지도 못할 약속을 하지요?"

어떤 전통이나 의식도 영재의 비판적인 평가에서 벗어날 수 없다. 합리적이고 냉철한 영재의 눈에 비친 세상은 온통 의문투성이기 때문이다.

다른 대안도 있음을 가르쳐라

영재는 성장하면서 전통적인 방식에도 다른 대안이 있다는 것을 인식하게 된다. 반드시 전통의 테두리에 머물러야 할 필요가 없다는 것을 깨닫는다. 우리는 이러한 개인적인 자유가 아이에게 나쁘지 않다고 생각한다. 부모에게는 불편한 상황을 만들 수도 있지만, 아이의 성장에는 도움이 된다. 부모는 대안을 긍정적인 태도도 수용하고 도와주도록 한다.

물론 아이가 그저 재미로 전통을 깨도록 해서는 안 된다. 때로 아이들은 가족과는 분리된 자아를 확인하기 위해 또 독립된 인격을 표방하기 위해 반항적이고 파괴적인 행동을 보이기도 한다. 전통이란 나름대로 특정한 목적과 이유가 있다는 것을 일깨워주어야 한다.

낡은 방식을 거부함으로써 얻게 되는 것과 잃게 되는 것을 조심스럽게 저울질할 수 있는 지적 능력을 키워주어야 한다. 세상 살이에는 이러한 양면성이 있다는 것을 알려주고 어떤 게 바람직한지 따지는 습관을 심어주어야 한다. 식사 예절을 무시하고 아주 자유롭게 행동할 수도 있지만, 그러면 누구도 너와 식사하고 싶지 않을 수 있다는 점을 알게 해야 한다. 전통을 바라보는 자신의 시각 못지않게 다른 시각으로도 의미를 새겨보는 훈련을 하도록 도와주어야 한다.

관습 파괴의 대가를 알려라

관습 파괴란 양날의 칼이다. 독립성을 높이고 창조적 사고를 촉진하지만, 비난과 소외를 불러오기도 한다. 그런 과정에서 고립되고 또래 집단과의 관계가 끊어지게 될 위험성을 갖는다.

우리 사회는 대부분 흑백논리가 지배한다. 모든 것을 선한 것과 악한 것, 적절한 것과 부적절한 것으로 단정하고 중간 지대를 인정하지 않으며 의문의 여지를 남기려 하지 않는다. 영재들은 대개 이러한 흑백논리를 뛰어넘고자 하는 경향이 강하다. 영재의 다양하고 분산된 사고 체계는 주어진 분류 체계를 수용하지 않고 생각과 정보를 결합하고 재분류해 새로운 연결 요소를 찾아내고 새로운 원리를 만들고자 한다.

영재들은 낡은 전통을 자신들이 만든 원리로 즉시 대체하고 싶어 한다. 하지만 사람들은 익숙한 관행과 규칙에 더욱 집착한다. 안정감을 느끼기 때문이다. 따라서 그 안정을 뒤흔들려고 하는 사람에게 적개심을 보이게 되어 있다. 영재들에게 이것을 가르쳐야 한다. 사회가 수용할 수 있는 이상의 속도와 범위로 변화를 일으키려 하면, 반발과 혼란을 가져온다는 점을 알려야 한다. 특히 권력기관은 단지 자신들의 통제력을 확인하고 보여주기 위해 미리부터 방어적인 태도를 보이는 특성이 있다.

항상 익숙한 것과 낯선 것 사이에는 갈등이 존재한다. 익숙한 것에 안주하는 일은 쉽지만 만족스럽지 못한다. 그러나 무언가 새로운 것을 시도하기 위해서는 용기와 자기 확신이 있어야 한다.

특별한 이해심과 인내심을 길러라

영재들은 얼마나 깊이 있는 질문을 할 수 있는지 알고 싶어 한다. 스스로 정체성과 소속감을 유지하면서 어디까지 기존 전통을 무너뜨릴 수 있는지 시험해보고 싶어 한다. 그래서 영재 부모들은 특별한 이해와 특별한 인내심이 필요하다.

영재는 어린 나이임에도 자신이 사는 세계를 스스로 평가해 보고자 한다. 이런 노력은 사실 필요하고 바람직하다. 하지만 그것을 이해하고 지원하는 일은 말처럼 쉬운 것이 아니다. 부모들에게 특히 어려운 일이 될 수 있다.

앨버트 슈바이처 박사의 어린 시절 이야기는 유명하다. 어린 슈바이처는 시골 목사인 아버지가 어렵게 사준 겨울 외투를 입지 않아 부모를 당황스럽게 했다. 가난한 다른 친구들은 얇은 옷을 걸치고 있는데 자신만 따뜻하게 입을 수 없다는 것이 그 이유였다. 슈바이처는 부모의 사회적 위치와 걸맞은 옷차림보다는 평등의 원칙을 더 소중하게 생각한 것이다.

영재를 키우면서 가장 힘든 부분은 아이에게 어떤 것들을 특별히 숨길 수가 없다는 점이다. 아이는 부모의 위선적인 말과 행동에 대들곤 한다. 여러 가지 결함을 발견하고 허점을 지적한다. 일곱 살짜리 꼬마가 자기 엄마에게 묻는다. "시속 80킬로미터라고 되어 있는데 지켜야 하는 법인가요?" 현실적이지 못한 법과 그 안에서 적절하게 타협하는 법을 배워야 한다는 것을 설명하기란 쉽지 않다. 가정 안의 질서에도 그런 모호하고 모순된 요소가 많이 있다. 가끔은 불합리한 관행을 설명하기가 사실상 불가능할 수도 있다.

우리 가족의 문화를
명확히 해라

우리 가족의 신조, 관습, 전통, 가치 등에 대해 한번 생각할 필요가 있다. 이런 과정을 통해 아이들은 전통에 의문을 가질 수 있고, 자기 생각이 사회적으로 얼마나 용인될 수 있는 것인지 점검할 수 있다.

가장 우선해야 할 가치가 무엇인지 명확히 하는 것은 좋은 훈련이 된다. 어떤 습관과 관행이 가정, 개인을 위해 가장 좋은지 한번 따져보는 것이다. 어떤 전통은 절대 깨져서는 안 된다고 말하고, 아이가 이것을 어길 때는 적절한 경고를 해주도록 한다. 가치의 우선순위를 정하고, 아이들이 선택할 수 있는 옵션을 더욱 명확히 설명하자. 아이는 점차 스스로 생각하고 결정하게 될 것이다. 예를 하나 들어보자.

아홉 살 어린이가 비가 내리는 것을 보고 말한다.
"흠뻑 젖어버리겠네! 지금은 아무도 비옷을 입지 않아!"
그러자 엄마가 말한다.
"그러면 젖을 텐데 괜찮겠니?"
"아니, 젖으면 종일 축축하고 춥고 무거워요."
"하지만 비옷 입고 가면 다른 애들이 놀릴 텐데 괜찮겠어?"

"맞아요. 아까도 말했지만 아무도 입지 않아요."

엄마가 말없이 가만히 기다리는 동안 아이는 비를 한참 들여다본다.

"에이, 할 수 없지. 애들이 뭐라 하든, 비에 젖는 것은 바보 같은 짓이야."

아이는 비옷을 입고 학교를 향한다.

열린 대화는 아이에게 많은 생각을 하도록 한다. 친구, 형제자매 관계, 자기 훈련, 가족의 역할을 이해시키는 데 많은 도움이 된다. 열린 대화를 하기 전에 먼저 아래 질문에 답을 해보고, 부족한 부분이 있다면 개선하도록 하자.

열린 대화를 하기 전에 생각해야 할 것

- 독창적이고 분석적인 사고를 했을 때 칭찬하는가?
- 시비를 따지기보다 문제를 일으키지 않고 그냥 넘어가는 것을 좋아하는가?
- 아이 스스로 합리적으로 판단할 수 있다고 확신을 주는가?
- 아이가 자신의 판단에 따라 행동할 수 있다고 믿게 하는가?
- 의미 없는 관행이나 허례허식에 시간을 빼앗기는가?
- 아이가 의문을 제기하거나 다른 가족과 충돌했을 때 어떻게 반응하는가?
- 가족의 문화와 전통의 의미를 새길 수 있도록 도와주는가?

전통을 파괴하는 행동이 다른 사람에게 불쾌감을 줄 수 있다는 사실을 아이에게 가르쳐야 한다. 만일 전통에 어긋나는 일을 하고자 한다면, 아주 조심스럽고, 정중하며, 감각적으로 해야 한다는 것을 알려주어야 한다. 오래된 관행의 안정성과 새로운 시도 사이에는 적절한 균형이 있어야 하며, 그러기 위해서는 인내심과 관용의 자세가 필요하다.

Q 우리 애는 항상 권위에 도전하고 무언가 튀는 행동을 하려고 합니다. 이러다 아이가 기피 인물이 되고, 학교에서도 심각한 문제를 일으키게 될까 걱정스럽습니다.

A 영재에게는 흔한 특성입니다. 특히 아이가 10대에 진입하면 더욱 강하게 나타나는 특질입니다. 하지만 '항상'이라는 표현은 다시 한 번 생각해보시기 바랍니다. 아이가 받아들이는 권위가 하나도 없을까요? 그렇지 않을 것입니다. 무언가 수용하는 것이 하나는 있을 겁니다. 그것을 근간으로 해 권위의 존재를 수용하도록 할 수 있습니다.

아이가 권위를 인정하지 않으려고 결심한 상황에서는 본인 스스로 그 결과가 어떻게 될 것인지 느끼도록 해보는 것도 한 가지 방법입니다. 위협적인 태도는 철저히 피해야 하며, 아이의 감정에 동조해야 합니다. 예를 들어 아이가 '정중한 태도'란 필요 없다고 주장할 수도 있습니다. 그것이 '위선적이며 허례허식에 불과한 것'이라고 생각할 수 있습니다. 그런 생각을 하는 아이에게 정중함을 강요하기는 쉽지 않습니다. 이럴 때는 일정 기간 방임하고 가족 전체가 정중한 태도를 버려 극단적인 반대 상황을 연출해보십시오. 그런 과정이 예의범절의 의미와 가치를 깨닫게 할 수도 있습니다.

Q 우리 아이는 모든 전통을 거부합니다. 아이가 사회로부터 소외되지 않을까요?

A 정말 모든 전통을 거부하는 것일까요? 정말 그렇다면 전문가의 도움을 받아야 합니다. 이런 경우, 가족과의 의사소통이 완전히 차단되어 있을 가능성이 큽니다. 그래서 분노, 우울, 소외 상태에 빠져 있을 것입니다. 아이가 마음을 추슬러서 어떤 전통에는 적응하도록 해야 합니다. 의사소통, 감정 교류, 신뢰의 회복이 의미 있는 전통이 자리 잡도록 하는 기본 토대가 되기 때문입니다.

Q 어떻게 해야 아이가 전통에 도전할까요? 우리 아이는 너무 지나치게 관행에만 안주하려는 것 같습니다. 모든 일을 그저 '정확하고 올바르게' 하려는 것 같습니다.

A 관행과 전통에 순응하는 것은 안정감을 주는 일입니다. 어

떤 전통은 모든 일을 예측할 수 있도록 하므로, 자신의 운명을 잘 통제하고 있다는 느낌을 줍니다. 비록 그런 느낌이 허상에 불과하더라도 무시할 순 없습니다. 순응적인 아이들은 만약 자신이 순응하기를 거부하면 어떤 끔찍한 상황이 벌어질 수도 있다는 두려움을 갖고 있습니다.

아이에게 자신감을 심어주고 지속적인 격려를 통해 소속감과 인정받는 존재라는 점을 일깨워주십시오. 무언가 참신한 것, 창의적인 것을 했을 때 적극적으로 인정하고 보상해주십시오. 다소 서툴고 불완전하더라도 아이가 무언가 시도하는 조짐을 보이면 그것 자체로 인정하고 격려하십시오.

부모가 다소 예기치 못했던 비전통적인 방식의 행동을 돌출적으로 보여주는 것도 도움이 됩니다. 공개적으로 특정한 전통이 어떤 목적으로 확립되었는지 설명하는 것도 좋습니다.

마음의 고통은 몸의 고통보다 더한 것이다.

― P. 사이러스

고독은 희귀하고 유별난 것이 아니라 인간 모두에게 내재해 있는 기본적인 감정이다.

― 토머스 울프

마치 대머리가 되면 슬픔이 줄어들기라도 하는 것처럼, 슬픔에 빠져 머리를 쥐어뜯는 것은 어리석은 일이다.

― 키케로

가장 깨뜨리기 힘든 장벽은 한 사람의 생각과 또 다른 사람의 생각 사이에 있다.

― 윌리엄 제임스

이 세상은 걱정과 슬픔으로 가득 차 있다. 따라서 메마른 환경과 지루한 일상에서 기쁨의 보석을 발견하는 것은 우리의 의무다.

― 헬렌 켈러

chapter 11
우울증을 경계해라

 영재는 다른 아이들보다 우울증에 걸릴 확률이 높을까? 답은 확실히 '그렇다'이다. 그러면 극단적으로 자살을 시도하는 비율도 높을까? 불행하게도 '아마도 그럴 것'이다. 그렇다고 비관할 필요는 없다. 우리는 이에 대비할 수 있는, 불행을 최소화할 수 있는 확실한 단계적 접근법을 알고 있다.

영재의 우울증이란?

 우울증이란, 가벼운 슬픔 이상의 병리적 현상을 말한다. 절망, 죄책감, 실망, 자괴감이 심각하게 나타나는 상태다. 우울증에 빠진 사람은 무언가 일이 크게 잘못됐다고 생각하는 동시에 어떻게 할 수 없는 무력감을 느낀다. 극도의 절망, 즉 '모든 것이 무너졌다'고 느끼는 상황이기 때문에 쉽게 극복되지 않는다. 그럴 만한 힘도, 의욕도 없는 상태다. 우울증과 관련된 감정은 지극히 모호하고 깊이 침착돼 있으며 영원한 것으로 느껴진다.

부모는 아이가 우울증에 빠진다는 사실에 깜짝 놀란다. 그러나 실제로 유아나 갓 태어난 젖먹이도 우울증에 걸린다. 애정과 보살핌을 받지 못했을 때 생길 수 있다. 어른이든 아이든 우울증에 빠지면 의욕 상실, 퇴행, 흥미 부족, 수면 장애, 과식, 혹은 식욕 부진이 동시에 나타난다.

우울증의
세 가지 유형을 파악해라

영재에게 나타나는 우울증은 크게 세 가지 유형으로 분류할 수 있다.

첫 번째 유형은 지나친 성취 욕구에서 오는 우울증이다. 이는 대부분 도달해야 하는 기준을 너무 높이 잡았을 때 나타난다.

두 번째 유형은 소외감에서 발생하는 우울증이다. 이는 다른 사람들로부터 배척당한다는 감정에서 출발한다. 많은 경우, 인격체가 아닌 재능이 뛰어난 하나의 신기한 대상으로 취급된다고 생각한다.

세 번째 유형은 존재론적 우울증이다. 인간 존재에 관한 철학적인 접근일 수 있는데, '인간의 가치란 그저 일시적인 것이 아닌가?' 하는 의심이다. '인생이란 과연 절대적 의미가 있을 것인가?' 하는 아주 추상적인 고민이다. 하지만 고민 저변에는 아이 자신의 가치에 대한 회의가 들어 있다는 것을 깨달아야 한다.

세 가지 유형의 우울증에 공통점이 있는데 그것은 바로 분노다. 우울증은 '출구를 찾지 못한 분노'라고 할 수 있다. 따라서 우울증 이해의 출발은 관련된 분노를 아는 것에서 시작해야 한다.

분노란 자기 자신을 향한 것일 수도 있다. 아이들은 가끔 자신의 잘못이나 실수에 대해 자책하고 어떤 벌을 주려고 한다. 어떤 때는 '인생의 공평하지 못함'으로 보이는 것에 대해 분노를 느낀다. 그리고 그것이 워낙 어마어마한 세력이고 너무도 모호한 존재이기 때문에 완전히 무력한 감정에 빠지기도 한다.

겉으로 드러나는 것은 우울증이지만 안에 들어 있는 것은 분노이다. 그 분노의 실체가 무엇인지 깨닫기 전에는 제대로 된 대처를 할 수 없다. 하지만 우울증의 원인이 분노의 감정이란 것을 알게 되면 새로운 에너지가 분출한다. 이런 에너지가 행동으로 이어지면서 발전적인 치유가 가능하게 된다.

자책하고 자학하면 의심해라

우울증에는 기본적으로 자학이 따라온다. 자학은 아주 교묘한 형태를 보인다. 아이가 스스로 책망하고, 자신은 야단맞아야 한다고 말하면 즉시 의심하고 살피도록 한다.

보통 이런 자책은 지나치게 높은 기준을 설정하는 것에서 온다. 현실적인 기준을 설정하고, 일단 기준을 낮추어 목표를 달성한 뒤에 더욱 높은 목표를 설정하는 것이 필요하다.

존재론적 질문에 귀 기울여라

사춘기 아이들은 대부분 자신의 가치를 고민한다. 다른 사람들과의 관계 속에서 자기 위치를 확인하고, '의미'를 발견하고 싶어 한다. 그들은 종교적인 혹은 윤리적인 규범에 회의를 느끼며 결코 답이 있을 수 없는 문제에 매달린다. 예를 들어, '하나님이 과연 존재하고 선한 전능자라면 왜 세상에 악이 존재하는가' '그가 모든 천지 만물을 창조했다면 악이 지속하는 것도 그의 뜻인가' 등이다.

10대 사춘기 학생의 경우, 이런 회의는 아주 정상적이다. 그런데 예닐곱 살 혹은 더 어린아이가 이런 문제에 빠져 있다면 어떻게 보아야 할까? 대개 너무도 엉뚱하고 예기치 못한 상황인 만큼 부모들은 애써 외면하거나 적절한 주의를 기울이지 못한다.

하지만 영재들에게는 흔히 일어나는 일이다. 삶 자체를 허무하게 느끼며, 깊은 의심에 빠진다. 거의 모든 영재가 적어도 일생에 한 번은 이러한 존재론적 회의에 빠진다고 한다. 이런 감정이 지속해 뼛속 깊이 스미면 고독, 우울, 불안을 만든다. 이를 극복해내기 위해서는 아이가 자기 존재와 다른 사람들과의 관계 속에서 의미를 발견할 수 있어야만 한다. 소속감을 느끼고, 가족과 친지들과의 관계 속에 강한 연대감을 느낄 수 있어야 한다.

논쟁은 절대 피해라

어떤 유형이든, 정도가 어떻든 아이가 우울증에 빠지면 부모가 도와줄 수밖에 없다. 아래 제시한 방법은 아이가 우울증에 빠질 가능성을 줄이고 강도를 떨어뜨린다. 보통은 이런 방법으로 해결되지만, 해결되지 않고 계속된다면 전문가의 도움을 받도록 한다.

첫째, 가볍게 지나쳐서는 안 된다. '다 그런 때가 있는 법이야, 어서 훌훌 털어버려'라는 식으로 가볍게 생각하지 말라는 것이다. 우울증에 빠진 아이는 대화가 필요한 상태다. 그런데 이런 식의 접근은 대화 자체를 차단한다. 그저 훌훌 털어버릴 만한 일이라면 우울증으로 발전하지도 않는다. 그런 말은 아이를 아직 하나의 인격체로 인정하지 않는다는 증거가 된다. 일단은 그럴 만한 이유가 있다고 무조건 인정하고, 아이가 느끼는 바를 표현하도록 유도하고 그 말을 경청해야만 한다.

둘째, 논리로 설득하려고 해서는 안 된다. 부모의 설득이 논리적이면 논리적일수록, 아이는 스스로 모순을 깊게 인식하고 확신을 잃어간다. 예를 들어, 아이가 "난 아무것도 제대로 할 수 없어"라고 말하면 부모들은 그동안 자랑스럽게 생각해온 상장과 트로피를 가리키며 설득한다. 부모는 이 방법이 효과적이라고 생각하며 계속 그런 방법을 반복한다. 그러면 아이는 자연스럽게 입을 닫는다. 더는 자신이 느끼는 무가치함과 일그러진 모습에 관해 이야기하지 않는다. 부모는 그것으로 문제가 해결됐다고 생각하며 안심하지만, 그렇지 않다. 아이는 자기를 진정으로 이해하며 있는 그대로 수용하는 사람이 없다고 느낀다.

오히려 '네가 그렇게 느꼈다니 정말 안타깝다'는 태도를 보여주어야 한다. "그래서 너 자신한테 화가 나 있구나" "너 스스로 실망했구나. 그래서 너 자신을 쥐어박고 싶은 것 같구나" "내가 보기에 너는 스스로에게 심판자가 되어 있는 것 같구나" 등의 말을 하는 것이다.

그리고 이런 이야기를 통해 그 느낌이 심리적 가학은 아닌지, 자신에게 정말 도움이 되는지 되짚어보게 한다. 최소한 그럴 수 있도록 도움을 준다. 그런 뒤, 약간의 시간을 아이 스스로 갖도록 할 필요가 있다. 대화를 중단하고 시간을 두든가, 아니면 다음과 같은 말로 대화를 마친다. "글쎄다. 내가 보기에 너는 네가 느끼는 만큼 나쁘지 않아. 조만간 기분이 나아지기를 바란다."

반드시 아이 스스로 혼자 생각할 시간을 주어야 한다. 감정 자체를 수용하지 않거나 문제 자체를 인정하지 않으면 우울증은 치유될 수 없다. 어떤 상황을 결정적으로 뒤집는 영웅이 되려고 해서는 안 된다. 지나치게 모든 일이 잘될 거라고 낙관해서도 안 된다. 가장 중요한 것은 아이 스스로 자신의 가치, 능력에 대해 확신을 키워나가도록 하는 것이다. 그것이 아이 자신의 권리라는 것을 인정해야 한다. 동시에 극단적인 자기 부정에 대해서는 분명히 지적하고, 올바른 태도가 아니란 점을 지적해야 한다.

자살 암시는
구조 요청임을 알아라

아이가 자살이라는 단어를 떠올렸다는 것만으로도 부모에게는 충격이다. 얼핏 생각하면 영재는 다른 사람들이 갖지 못한 가능성을 갖고 있고, 창창한 미래가 있음에도 이런 고민에 빠진다는 것이 이해하기 어려울 수 있다.

영재는 왜 그런 극단적인 생각을 하게 될까? 그들이 가진 가능성이 그렇게 감당하기 힘든 것이며, 삶이란 원래 그런 것일까? 물론 모든 영재가 우울증에 빠지고, 극단적인 선택을 하는 것은 아니다. 14세 이하 영재가 자살 이야기를 꺼내기도 하지만 실제로 아이가 자살을 기도하는 일은 드물다. 14~19세 사이 아이들은 자기 정체성에 강한 의문을 품는다. 앞으로 무엇을 할 것인지 깊은 고민을 하며 여러 가지를 모색한다. 그리고 그런 과정에서 자살 기도나 다른 파괴적인 행동을 하기도 한다. 약물, 음주 등의 문제도 이러한 우울증과 불투명한 미래에 대한 고민 중 발생한다.

외롭다, 불행하다, 죽고 싶다는 아이들의 호소를 결코 무시하거나 가볍게 생각하지 말아야 한다. 자살에 대한 암시나 위협은 실제로는 아주 절박한 긴급 구호 신호와 같다. 결코, 그런 호소를 조롱하거나 무시하거나 가벼이 넘겨서는 안 된다. 오히려 전문가에게 도움을 요청해야 한다. 실제로 자살을 기도할 확률은 낮지만, 그 가능성을 인식하고 적절히 대응함으로 확률을 극소화할 수 있다.

슬픈 감정을 표출하게 해라

사랑하는 사람이나 가족을 잃었을 때 느끼는 슬픔은 앞에 설명한 우울증과는 확실히 다른 감정이다. 때로 슬픔에 잠긴 사람은 우울증을 같이 앓게 될 수도 있다. 슬픔 혹은 애도의 감정은 사실 자연스러운 것이다. 자신의 일부분을 상실했으므로 강한 슬픔을 느끼는 것이다. 슬픔과 동시에 분노를 느낄 수도 있다. '운명' 혹은 '인생의 불공평함'에 분노할 수 있다. 무언가 말해야 할 것을 못 했다던가 해줄 것을 해주지 못했다던가 하는 이유로 스스로에게 화가 날 수도 있다.

중요한 것은 슬픔을 자연스럽게 표현할 수 있도록 해줄 필요가 있다는 것이다. 누군가를 잃었을 때, 바로 그런 슬픔을 표현하고 그런 감정을 같이할 수 있으면, 전보다 더 깊은 관계가 형성된다. 이런 감정을 억누르면 시간이 지난 후 우울증으로 나타날 수 있다. 친지를 잃었을 때, 아이들도 어른들과 똑같은 반응을 보인다. 영재들은 아주 어린 나이에도, 즉 유아 시절에도 다른 사람과의 관계를 아주 예민하게 의식한다. 그래서 이런 관계에 손상이 오면 아주 강한 반응을 보인다. 이런 관계의 손상이란 반드시 죽음만을 뜻하진 않는다. 아이들은 별거, 이혼 같은 이별도 죽음 못지않은 단절로 느낀다. 이런 일이 생기면 아이들은 반드시 반응을 보인다. 불면 혹은 식욕 부진을 호소한다.

영재는 보통 아이들보다 자아에 대한 인식이 훨씬 크다. 따라서 모든 일의 원인을 자기 자신에게서 찾으려는 경향이 크다. 예를 들어, 자기 때문에 부모가 이혼했다고 생각할 수도 있다. 그럴 경우, 부모는 아이가 속으로 무슨 생각을 하는지 들어볼 필요가 있다. 충분히 아이의 이야기를 듣고 실제로 왜 그런 일이 일어났는지 차근히 설명해야 한다. 그런 과정을 통해 아이가 갖는 여러 가지 왜곡된 생각을 바로잡아줄 필요가 있다.

부모의
우울증도 경계해라

모든 부모가 아이를 키우며 어려움을 느끼지만, 영재 부모는 더욱 그렇다. 아이가 무궁한 가능성을 갖고 있는데 자신이 제대로 된 보호자 역할을 하지 못한다는 죄책감을 느끼기도 한다. 다른 사람들은 영재에 지극히 무관심하거나 혹은 적대적이다. 부모들은 이런 일로 좌절감에 빠질 수도 있다. 부모들도 이런 분노의 감정을 배출할 출구가 있어야 하며, 그렇지 못하면 우울증에 걸릴 수 있다.

흔히 영재가 있으면 온 가족이 그 아이에게 관심과 지원을 집중하게 된다. 그러다 보면 가족 중 다른 사람 혹은 부모 자신이 우울증에 빠질 수 있다는 것을 명심해야 한다. 실제로 여기서 이야기한 문제들은 부모 자신에게도 똑같이 적용될 수 있는 것들이며 부모들이 영재교육에 의무를 강하게 느끼면 느낄수록 더욱 절실해지는 문제들이다. 부모 스스로 일정한 기준 이상의 것은 해줄 수 없다는 것을 분명히 해야 한다. 그 이상의 것은 세상이 감당해야 할 일이란 것을 명심해야 한다. 혹은 영재 자신이 감당해야 한다.

Q 우울증에 신체적인 원인은 없나요? 우울증은 모두 '배출구 없는 분노'만이 원인인가요?

A 신체적인 원인도 있습니다. 갑상선 호르몬 이상, 영양실조, 빈혈, 약물 부작용 등이 그것입니다. 사춘기의 갑작스러운 신체적 변화는 호르몬 기능에 부조화를 일으킬 수 있습니다. 이런 것이 심리적인 부적응을 더욱 부추길 수 있습니다. 영재도 신체적으로는 역시 그 나이에 맞는 구조를 갖기 때문에 자세히 신경을 써야 합니다. 정기적인 검사가 필요합니다. 아이들의 감성을 섬세히 다루어야 한다는 점은 아무리 강조해도 지나치지 않습니다.

Q 아이가 자살에 대해 자꾸 이야기합니다. 아이가 그저 주의를 끌기 위해 해보는 소린지, 정말 그런 생각을 하는지 어떻게 알 수 있을까요?

A 영재는 우울증에 걸릴 가능성이 큽니다. 특히 영재라고 판명되지 않고 그에 합당한 지원이나 배려를 받지 못하는 경우 더 그렇습니다. 아이들은 종종 자살에 대해 말합니다. 그리고 죽고

싶다고 말합니다. 일단 이런 일이 발생한 이상, 두 가지를 명심해야 합니다. 첫째, 사람들 대부분이 자살을 생각한다는 것입니다. 둘째, 이런 이야기를 들으면 일단 관심 있게 들어주어야 한다는 것입니다. 절대로 비아냥거리거나, 따지고 들거나, 무시해서는 안 됩니다.

자살에 대한 언급은 '긴급 구조 신호'라고 해석해야 합니다. 전문가의 도움 받기를 주저하지 마십시오. 아이의 마음속에 들어 있는 분노와 좌절을 이해하고 해소하게 해야 합니다. 아이의 말을 진지하게 듣고, 너의 그 불행한 감정을 이해한다고 말하십시오. 그리고 자살한다면 다른 방법 혹은 다른 기회는 모두 사라지는 것이니, 자살은 옳은 방법이 아니라는 메시지를 주어야 합니다. 약물이나 술에 대해 경각심을 늦춰서도 안 됩니다. 자살 기도는 대개 약물이나 음주와 관련돼 발생하기 때문입니다. 무엇보다도 부모 스스로 용기를 가져야 합니다. 만약 필요하면 아이보다도 부모가 먼저 전문가에게 도움을 요청해야 합니다.

새로운 종류의 공동체가 아무리 많이 생겨난다 한들 가정을 대체할 것은 없다.

― 마거릿 미드

부모와 자식은 수없이 많은 기대와 두려움, 간절한 희망과 근심, 걱정으로 연결되어 있다.

― 사무엘 그리스울드 구드리치

부모가 자녀를 양육해 온전한 성인으로 키우는 것은 힘든 일이긴 하지만 세상에서 가장 만족스러운 경험이다.

― 벤저민 스포크

아이들은 성인들의 행동을 보고 배우는 것이지, 말을 듣고 배우는 것이 아니다.

― 칼 융

내가 당신을 사랑하는 것은 그 마음 때문이지, 당신의 머릿속에 든 지식 때문이 아니다.

― 윌리엄 H. 데이비스

chapter **12**

영재 부모로 거듭나라

 일반 사람들은 영재를 키우는 어려움을 잘 알지 못한다. 직접 영재 부모가 돼보지 않고서는 이해할 수 없는 일이 대부분이기 때문이다. 어떤 사람들은 영재 부모가 심한 과장을 하거나 거짓말을 한다고 생각하기도 한다. 가족과 친구 사이에도 이런 일로 해서 많은 갈등이 유발된다.

 영재의 성장, 발육, 가족 관계, 친구 관계는 일반적인 것들과는 상당한 차이가 있다. 전통적인 육아법이나 책에 나와 있는 기준과는 상당한 차이가 있을 수 있다. 다른 사람의 조언은 조금밖에 참고가 되지 않는다. 그들의 의견을 듣기는 하되, 자기 확신을 지켜나가는 용기가 필요하다. 누가 뭐라 하든 나름의 원칙을 지켜나가야 한다. 영재의 상황을 가장 잘 이해하고 있는 것은 영재 부모이기 때문이다.

영재라고
밝혀라

자신의 아이가 영재라는 사실을 알게 되었을 때 감격에 겨워 주위 사람들에게 자랑하는 부모도 있지만 감추는 부모도 있다. 영재를 향한 사회적 편견을 알고 있거나 이미 경험한 부모는 아이가 영재를 사실을 철저히 숨긴다. 때로는 아이의 영재성을 인정하지 않고 재능을 애써 무시하기도 한다.

영재, 천재를 향한 사회적 편견은 생각보다 많다. 그래서 이런 표현 대신 부모들은 다른 우회적인 표현을 사용하기도 한다. '집중력이 강한' '단어를 갖고 노는 것을 좋아하는' '숫자를 좋아하는' '언제나 설명을 요구하는' '호기심이 유난히 강한' '나이 많은 친구들과 어울리기 좋아하는' 등이다. 하지만 일정한 기준 이상의 영재는 그런 표현이 어울리지 않는다. 누가 보더라도 지능이 높기 때문이다.

그럴 때는 아이의 영재성을 숨기는 대신 시원하게 밝혀라. 그리고 어쩔 수 없이 따라붙는 여러 부정적인 편견에 대응하는 힘을 길러라. 노골적이든 은근하든 시기와 질투는 늘 따라다닌다. 그리고 '비정상적인' 것으로 보고자 하는 시각, 그런 요소를 찾아내고자 하는 태도도 흔하다. 따라서 어려서부터 이에 대응하는 훈련을 하고 내공을 기르는 것이 아이에게 훨씬 도움이 된다.

시간 관리를 철저히 해라

부모에게 충분한 시간이 있다면 모든 자녀의 기대를 채울 수 있을 것이다. 행복한 가정을 만들기 위해서는 불필요한 시간을 줄이고 아이에게 할애하는 시간을 최대한 많이 만들어야 한다. 생각보다 많은 부모가 가사 일에 시간을 빼앗긴다. 부모가 머리를 맞대고 어떻게 하면 가사 시간을 줄일 수 있는지 의논해야 할 것이다. 부모 어느 한쪽의 희생을 강요해서는 안 된다. 아이를 포함해 가족 전체가 협력해 일을 처리해도 도움이 될 것이다.

재충전하고 균형을 갖춰라

일과 가사에 시달리다 보면 피로에 짓눌려 아이의 요구에 화를 낼 때가 있다. 자신을 미처 돌볼 틈 없이 가족들을 위해서만 살았기 때문이다. 아이를 제대로 양육하려면, 당신이 먼저 재충전돼야 한다! 그래야만 가족에게 좋은 것을 줄 수 있다. 자신에게 얼마나 투자하고 있는지 한번 돌이켜보라. 자신을 지금보다 좀 더 나은 모습으로 만들기 위해 무엇을 하고 있는가?

아이들에게 있어 부모는 돌봐주고 관심을 두는 존재로 끝나지 않는다. 부모는 아이들에게 '한 인간이 이렇게 발전하는구나' 하는 모델이 된다. 아이들은 부모를 한 인간으로서 존경해야 한다. 따라서 아이들의 권리를 보호하는 동시에 부모 자신의 권리를 보호할 필요가 있다. 다시 한 번 강조하지만, 균형이 필요하다.

최선의 양육방법을 찾아라

부모는 아이들 양육에 서로 다른 개념과 인식을 갖고 결혼한다. 우선순위, 기대, 희망 등이 다르다. 하지만 대부분 너무 쉽게 생각하고 이에 대해 논의하지 않는다. 당연히 내 생각과 일치할 거라 기대한다. 하지만 아이를 키우는 과정에서 나타나는 의견 차이는 오히려 당연한 일이다.

다행히도 갓난아이는 최소한 몇 개월 동안은 부모가 서로 다른 태도를 보인다는 것을 알아차리지 못한다. 하지만 모든 아이는 부모와 환경으로부터 태도, 버릇, 기대치를 얻는다. 지나치게 엄격한 것은 지적 능력 발달에 지장을 주며, 편안함과 격려는 좋은 영향을 준다. 하루빨리 부모는 아이의 양육 방식에 합의점을 가져야 한다.

한 부 모,
재 혼 가 정 은 차 별 화 해 라

이혼율이 높아지면서 한부모 가정이 늘어나고 있다. 이런 가정일수록 불안감, 죄책감, 의기소침과 같은 정서적 긴장이 높다. 간단히 말해서 특별히 부모와 자식 사이의 대화가 중요하다. 그래서 아이만을 위한 시간이 더더욱 중요해진다. 한부모 가정에서는 오히려 아이를 향한 부모의 의존도가 더 높을 수 있다. 부모 자식 관계가 더 강화될 수 있지만, 자칫 자식에게 배우자 역할을 강요하게 될 수도 있다. 그런 상황은 피해야 한다. 아이가 아무리 영특하다 하더라도 성인은 아니다. 머리로는 상황을 이해할 수 있지만, 정서적으로는 어린아이일 수밖에 없다.

재혼 가정의 경우는 어떨까? 이들은 이미 나름대로 문화를 갖고 있던 만큼 더 복잡한 상황이 될 것이다. 무엇보다 인내심을 가져야 한다. 아이를 키우는 일은 정말 쉽게 결론을 내기 어려운 일이다. 계모나 계부는 상대방의 아이들과 새로운 관계를 만들어야 한다. 되도록 열린 마음으로 상대에 민감해져야 한다. 아이가 조숙한 경우, 사고방식과 문화의 차이에 예민해지기가 쉽다. 친부모는 부지불식간에 친자녀 대리인이나 보호자가 되고자 하는 태도를 보일 수 있다. 그런 처신은 아이와 부모 모두에게 상처를 남긴다.

합리적인 의사 결정을 해라

한쪽 부모가 선을 그었는데 다른 쪽이 그 선을 무시해버리는 일은 피해야 한다. 영리한 아이들은 부모 사이의 그런 의견 차이를 교묘하게 이용한다. 예를 들어, 엄마가 "저녁 시간을 어겼으니 내일 아침까지는 아무것도 먹을 생각하지 마"라고 했는데 아빠가 "엄마가 화가 나서 그래. 배고프면 밤에 간식을 먹어도 좋아"라는 식으로 말하지 말아야 한다. 긴급한 상황이 아니라면 일단은 엄마의 결정을 존중해야 한다. 일반적으로 엄마의 권위를 손상하지 않고도 이게 꼭 필요한 것인지 한 번쯤 더 생각하게 할 수는 있다.

상황에 따라서 어떤 결정이 필요하다면 한쪽 부모가 있든 없든 반드시 결론을 내야 한다. 예를 들어, 아빠가 퇴근할 때까지 혹은 엄마가 돌아올 때까지 기다려야 한다는 것은 결코 좋은 태도가 아니다. 어떤 결정이 지연되는 만큼 효과가 떨어지고 신뢰감이 줄어든다. 이런 때 아이는 자기 행동으로 인해 어떤 일이 일어났는지 생각하기보다 어떤 음모의 피해자가 된 느낌을 받는다.

가끔은 한쪽 부모가 다른 쪽을 보호하기 위해 혹은 아이를 보호하기 위해 문제에 끼어드는 것을 막는 경우가 있다. 하지만 이런 경우, 다른 쪽 부모는 그 의견을 받아들이지 못하고 있다는 느낌을 전달할 수 있다. 또는 아빠 혹은 엄마가 일 처리를 제대로 하지 못한다는 메시지를 전달할 수도 있다. 어떤 경우든 신뢰와 질서를 손상한다.

가정의 규칙을 세워라

어떤 규칙이 가장 좋을까? 앞에서 거론되었던 것들 이외에 따로 좋은 규칙이 있는 건 아니다. 그러나 규칙은 여러 가지가 있을 수 있고 나름대로 가치가 있다. 서로 다른 취향, 전통, 유산이 있으며 그것들이 다소 불합리하게 보이더라도 서로 존중해야 한다. 가정마다 부모의 성격과 가치관에 따라 조금씩 가정의 규칙도 다르다.

아이들은 가정의 규칙을 빨리 알아차리고 적응한다. 정서적인 성숙에 따라 적응 속도도 빨라진다. 정직함, 책임감, 자신감은 모든 아이에게 있어 중요하고 보편적인 요소다. 아이들에게 집안마다 나름대로 규칙이 있다는 것을 설명하면 그때그때 적응하는 법을 빠르게 습득한다.

소 망 원하는 것

맥스 어만 Max Ehrmann

소란하고 바쁜 중에도 담담히 나아가라.
평화는 침묵 안에 깃드는 법임을 기억하라.
가능한 한 주장을 굽히지 말고 좋은 관계를 유지하라.
당신이 가진 진실을 조용하지만 분명한 목소리로 말하라.
어리석고 무지하더라도 그의 말을 경청하라.
그들에게도 할 말은 있는 법이다.

시끄럽고 공격적인 사람들을 피하라.
그들은 영혼을 어지럽게 만든다.
자기 자신을 남과 비교하지 마라.
어디에나 더욱 큰 사람이 있고 작은 사람이 있기 마련이다.

계획을 즐기는 만큼 성취한 결과도 즐겨라.
비록 사소한 것이라도 자신이 해온 일에 자부심을 품어라.
세월이 흐르면 그것이야말로 진정한 재산임을 깨닫게 된다.
사업을 한다면 마땅히 조심하는 법을 배워야 한다.
세상은 온갖 거짓으로 가득하다.
그렇다고 미덕이 없다고 생각해선 안 된다.
거짓 못지않게 미덕도 넘쳐난다.

누구도 아닌 자신이 돼라.
애정을 꾸미지 말고 사랑에 냉소적이 되지도 마라.
사랑은 지쳤을 때 당신을 보듬는 위로가 될 것이다.

나이 든 사람의 충고는 겸허히 받아들이고,
젊은 사람의 생각에는 점잖게 양보하라.
영혼의 힘을 키우면 갑작스러운 불행에도 좌절하지 않는다.
그렇다고 공상에 빠져들어서는 안 된다.
두려움은 대부분 지치고 외로울 때 생겨난다.
운동으로 건강을 유지하고, 스스로한테 너그러워져야 한다.

당신은 나무와 별처럼 우주의 아들딸이다.
당신이 거기 있는 건 하늘이 준 권리다.
당신이 알든 모르든, 우주는 나름의 질서에 따라 움직이고 있다.

신과 싸워선 안 된다.
당신이 신을 어떻게 생각하든 상관없다.
혼란스러운 삶 속에서 영혼의 평화를 지켜라.

온갖 고난과 역경이 있음에도 세상은 그래도 아름다운 곳이다.
활기를 잃지 말고, 늘 행복하라.

Q 정말 힘들군요. 요구 사항이 너무 많아, 해주고 싶어도 더는 해줄 수가 없어요.

A 가진 것만 줄 수 있다는 것을 인식해야 합니다. 부모 스스로가 지치지 않도록 자신의 생활을 관리하는 것이 우선입니다. 아이의 일생에 있어 가장 중요한 사람이 바로 당신입니다. 그러나 부모가 되는 것은 순교자가 되는 것도 아니고 싸구려 파출부가 되는 것도 아닙니다. 가족 혹은 이웃의 도움을 받도록 하십시오. 그리고 스스로 약간의 여유 시간을 확보하도록 해주십시오. 부모는 바로 당신이고, 결국 가족을 책임지는 것도 당신입니다. 모든 것이 아이만을 위한 것이어서는 안 됩니다.

Q 아이들에게 무엇이든 풍족하게 해줘야 하는 걸까요?

A 기본적으로 풍족한 생활을 할 수 있게 해줘야겠지만, 주의할 것이 몇 가지 있습니다. 아이에게 격려를 아끼지 말고 되도록 많은 활동에 참여하도록 하고, 되도록 다양한 지식을 얻도록 해야 합니다. 그러나 부모나 어른들의 대리 만족을 위한 것이어서는 안 되며, 아이 스스로 흥미를 느끼는 분야여야 합니다. 한 아이가 특

히 영리하다던가 기대를 모은다고 해서 온 가족이 항상 그 아이를 중심으로 움직여서는 안 됩니다. 집안의 돈이 몽땅 그 아이에게 투자돼서도 안 됩니다. 노골적으로든지 은연중에 다른 가족들은 분노를 표현하게 될 것이며, 당사자에게도 부담이 가중됩니다.

Q 아이에게는 뛰어난 재능이 있는 것 같은데 저 자신은 충분한 준비가 안 되어 있는 것 같습니다. 다른 부모들도 그런 느낌을 받습니까?

A 예, 그렇습니다. 영재 부모가 된다는 것은 굉장한 부담입니다. 젖먹이 때부터 24시간 비상 대기 상태가 되는 것입니다. 유치하고, 무책임하고, 충동적이고 말이 많은 젖먹이를 기른다고 생각해보십시오. 어떤 아이는 어른보다도 잠이 적습니다.

방법은 일을 과감히 줄이라는 것입니다. 물론 엄마가 손수 장만한 따뜻한 식사가 좋기는 하겠지만, 반찬가게의 반찬과 즉석요리, 외식으로 시간을 벌 필요가 있습니다. 부모로서 자족감과 내적인 균형, 가족 관계에서의 정서적 관계가 훨씬 더 중요합니다. 아이에게 용기와 희망, 그리고 건강한 자존심을 심어주는 것이 중요합니다. 그 밖의 것들은 얼마든지 나중에 여유가 있을 때 챙겨주어도 되는 것들입니다.

Q 언제까지 아이들 대변인 노릇을 해야 하나요? 학교 상황에 개입해야 하나요? 교사에게 아이가 특수하다는 것을 알리면 오히려 좋지 않은 선입견을 품을까 걱정입니다.

A 아이의 건강, 안전, 정서에 해가 된다고 생각하면 개입해야 합니다. 학교와 의논하기 위해서 나름대로 장기적인 계획을 세워야 합니다. 학교 교사들, 상담 교사들도 대개 영재교육에 대해서 특별한 교육을 받지 못한 상태입니다. 또 대부분 이 문제에 자신이 없습니다. 개념을 약간 갖고 있다고 하더라도 현장에서의 경험을 바탕으로 한 부분적인 것인 것에 지나지 않습니다. 관련 서적을 모을 필요가 있습니다. 전문가의 강연회도 필요합니다.

만약 교사와 의논하려면 먼저 교사가 영재 문제에 어느 정도 개념을 가졌는지 살필 필요가 있습니다. 처음 만나 이야기를 나누어보면 교사가 가진 영재에 대한 지식을 알 수 있고, 반대로 교사도 부모에 대해 알게 됩니다. 모든 상황에 적용할 수 있는 의사소통의 기본이란 것이 있습니다. 상대방의 기분을 잘 안다는 것을 적극적으로 보여주어야 합니다. 그리고 말하고자 하는 것도 분명히 해야 하지만, 오해하지 말아야 할 점도 분명히 해주어야 합니다. 그러나 이런 노력을 했음에도 잘 안 된다고 판단되면 다음 수단을 찾아야 합니다. 한 가지 명심할 점은 아이에 대해 가장 잘 아는 사람은 당신이란 것이고, 결코 낙담해서는 안 된다는 점입니다.

Q 아이에게 '네가 영재'라는 이야기를 해주어야 하나요?

A 어떤 형태로든 이런 문제는 해결해야 합니다. 아이는 생각보다 훨씬 어린 나이에 자기가 다른 아이들과는 다르다는 것을 인식합니다. 그런 만큼 무언가 설명이 필요합니다. '영재' '천재'라는 말보다는 '머리 회전이 빠르다' '지적인 능력이 있다'는 표현이 더 좋습니다. 중요한 것은 다른 아이들은 멍청한 것이 아니라 '서로 다른 능력을 받은 것'이라고 이해시키는 것입니다. 사람은 누구라도 다른 사람에게 어느 정도 도움을 받아야 하며, 각 사람의 특별한 능력을 서로 인정해야 합니다.

어린아이의 가능성과 잠재력은 이 세상 무엇보다 교묘하고 흥미진진하다.

— 레이 L. 윌버

교육은 어머니의 무릎에서 시작되며, 아이 귀에 들어오는 모든 단어가 아이의 성격을 결정짓는다.

— 호세아 발루

우리는 마땅히 깨어 있어야 하지만, 반밖에 깨어 있지 못하다. 우리는 우리가 가진 육체적·정신적인 능력 중 극히 일부밖에는 활용하지 못하고 있다.

— 윌리엄 제임스

교육은 너무 중요해서 교육자에게만 맡겨둘 수 없다.

— 프랜시스 카펠

교육이란 사회적 과정이다. 교육은 성장이다. 교육은 인생을 준비하는 것이 아니고 인생 그 자체다.

— 존 듀이

chapter 13
영재 부모,
스테파니 톨란의 편지

　1978년 우리 부부는 검사를 통해 아들 RJ가 고도 지능아라는 사실을 공식적으로 알게 되었다. 이때 RJ는 여섯 살^{5년 10개월}이었다. 검사를 받기 전 우리 부부는 '영재'에 대한 많은 공부를 했고, 수많은 교육 전문가들을 만났다. 편지를 쓰는 지금 RJ는 열 살이다.
　그 사이 우리는 수많은 실패와 성공을 경험했고, 거의 파산 상태에 이르기도 했다. 어떤 때는 우리 아이가 높은 IQ만큼 특별하다는 사실이 믿기지 않았고, 때로는 너무 확실한 증거 행동을 보여서 굳이 확인할 필요도 없었다.

　우리는 고도 지능아들을 위한 교육 프로그램이 전혀 없다는 것을 알게 되기까지 상당한 시간이 필요했다. 그걸 심정적으로 받아들이기까지는 더 오랜 시간이 필요했다. 물론 관련 연구가 50년 이상 있었지만, 만족할 만한 수준이 아니다. 그래서 영재 부모와 교사 그리고 아이들은 이 분야에 있어 개척자일 수밖에 없다.

몇 가지 학술적인 이유로 150 이상의 지수를 가진 아이들을 '고도 지능아 exceptionally gifted', 180 이상이면 '초고도 지능아 profoundly gifted'라고 한다는 것을 알게 되었다. 우리 아이와 아주 친한 한 아이가 그런 범주에 들어 있었다. 이 아이들은 일반적인 아이들과 차이가 너무 커서 전문 교사라 하더라도 이런 아이들을 다뤄본 경험이 없었다. 결국, 가장 힘든 일은 이 아이들의 특성을 이해시키는 일이었다. 우리는 다른 아이들의 보편적인 특성을 알지 못했고, 다른 사람들은 우리 아이들이 어떤지, 우리 아이들이 얼마만큼 뛰어난지 알 수 없었다. 이 편지가 고도 지능아들의 특성을 이해하는 데 어느 정도 도움이 되길 바란다.

조금 영특한 줄만 알았던 어린 시절

RJ가 그저 영특하기만 한 것이 아니라 더욱 특별하다는 것을 느끼기 시작한 것은 다섯 살 무렵이었다. '영재' 혹은 '천재'라는 말은 우리에게 익숙한 말이 아니었다. 대부분의 영재 가족들도 마찬가지다. 이 문제는 선택의 문제가 아니기 때문이다.

우리가 지금 알고 있는 것들을 그때 알았더라면, RJ가 두 살 때 우리는 뭔가 다르다는 것을 깨달았을 것이다. 영재의 특성을 이해하는 전문가라면 쉽게 인지할 수 있었겠지만, 우리는 그때 그러지 못했다. 우리 주변에 있는 사람들도 마찬가지였다. RJ에게는 세 명의 이복형들이 있었는데 모두 영재였다. 우리는 영재라는 표현을 쓰진 않았지만, 가족들이 모두 지능이 높다는 것은 알고 있었다. 하지만 그들이 성장했던 60년대, 70년대에는 그런 표현 자체가 드물었다. 아이의 형들도 모두 개성이 남달랐고, 그래서 RJ도 하나의 특별한 개성을 가진 아이로 생각했다. 그것이 오히려 우리 가족답다고 느꼈다.

RJ의 잠재력을 알아차리지 못한 또 하나의 이유가 있었는데, 아주 가까운 친구의 아들이 초고도 지능아였기 때문이다. RJ와 같은 달에 태어난 제이슨은 스탠퍼드 비네 지능검사 결과, 지수 196을 받았다. 두 아이는 최초 3년간 같이 생활했고, 거의 같은 발달 상태를 보였다. 제이슨이 대체로 몇 주에서 6개월까지 빨랐다. 제이슨 엄마와 나는 게셀 박사의 유아 발육 기준표에서 보이는 것보다 아이들이 빠른 발육을 보인다는 것을 알았다. 하지만 우린 게셀 기준표는 최소한의 기준을 말하는 것으로 생각했다. 예를 들어, 책에는 3~4세가 되면 아이들이 기본 색깔을 구분하기 시작한다고 했지만, 우리 아이들은 20개월 정도에 구분했다. 결국, 더는 그 책을 보지 않았다.

RJ는 두 살 반이었을 때 처음으로 나를 놀라게 했다. 우리는 부모님 댁을 방문하기 위해 야간열차를 탔다. 저녁 식사를 마친 뒤, 우리는 열차 안에 설치된 급수대와 종이로 된 고깔 모양의 컵을 보았다. RJ는 무척 재미있어했다. 그래서 급수대에서 컵을 날라오는 일에 신이 났다. 복도를 왕복하며, 식탁에 있는 모든 이에게 물컵을 가져다주었다. 마침내 나는 이제 되었으니 잠옷으로 갈아입으라고 했다. 아이는 한 잔 더 마셔야겠다고 했다. 나는 이제 잘 시간이 되었으니 더 이상은 안 된다고 했다. 그러자 아이가 떼를 부리기 시작했고, 나는 마치 결투에 나선 사람처럼 벌컥 화를 냈다. 결국, 열차 안에 있는 모든 사람이 불편한 상황이 되었고, 나는 당황했다. 그래서 나는 더는 논쟁의 여지가 없다는 것을 보여주어야 했다. 나는 어른이고 엄마였고, 아이는 그저 어린아이일 뿐이다. 결코, 아이는 이런 고집 싸움에서 이길 확률이 없다. 나는 "무조건 엄마 말 들어!"라고 강력하게 말했다.

그러자 아이는 떼쓰기를 포기하고, 항상 그랬던 것처럼 잠자리에서 읽는 동화책과 나무 조각 놀이를 했다. 한 시간쯤 지나서 나는 이제 잠을 자야 한다고 했다. 그때 아이는 자기 전 알약을 하나씩 먹고 있었다. 아이는 약을 먹어야 하니 물을 가져오겠다고 했다. 나는 아무 생각 없이 아이가 복도로 가서 물을 가져오도록 했다. 아이가 물을 가져와 약을 먹고 나서, 의기양양한 미소를 지으며 말했다. "내가 이겼어!" 나는 할 말을 잃었고, 그 이후 아이는 내가 만들어낸 대결 상황에서 항상 이겼던 것 같다.

아이가 어렸을 때부터 우리 모자의 대화 내용은 여러 장소에서 사람들의 시선을 끌었다. 나는 다른 두 살짜리 아이들이 어떻게 이야기하는지 잘 몰랐다. 그래서 사람들이 우리 대화에 집중하는 것은 그저 RJ가 귀여운 꼬마이기 때문이라고 짐작했다. 조금 지나 아이가 글을 읽기 시작하자, 사람들은 아이의 나이를 물어보고 깜짝 놀라며 '천재'라고 했다. 나는 아이가 사람들의 시선을 끄는 것을 즐기는 것을 감지했다. 아이는 유머 감각이 선천적으로 있는 것 같았다. 상당히 세련된 유머를 구사해 자기가 원하기만 한다면 사람들을 웃겼다. 우리는 그런 유머 감각이 영재의 특성이란 것을 모르고 있었고, 아이가 영특하다고 생각하기보다는 광대의 끼를 가졌다고 생각했다.

아이에게 독창적인 면이 강하다는 것을 알긴 했지만, 그것이 영재의 특성이라곤 생각하지 못했다. 아이는 감수성이 높았고, 다른 사람들의 정서적인 면에 동정적이었고, 사랑스러웠고, 애착을 느끼게 했다. 우리는 그것이 높은 지능과 관련이 있다는 생각을 못 했다. 우리가 주로 주목했던 것은 아이가 매우 유쾌하고, 재미를 즐긴다는 사실이었다. 아이는 두 살 반 정도 되었을 때, 시적인 표현을 했다. 그리고 떨어진 낙엽을 쓸어내는 것을 보고 그 이유를 물었다. 나는 가을이 무엇인지 설명하려 했다. 아이는 한동안 매우 진지한 태도로 생각을 계속하더니, 이렇게 말했다. "나뭇잎이 떨어지면서 울 거예요. 엄마, 우리는 푸르고 노랗고 슬퍼요!" 두 살 반짜리가 중얼거리는 것에서도 시정詩情이 있다고 느껴졌다. 하지만 그렇게 느끼는 것은 내가 시인이기 때문이라고 생각했다.

기질적인 차이가 부모들이 아이의 영재성을 인식하지 못하도록 하는 작용을 한다. '영재들은 불행한 정서가 있고, 고독하며, 심각한 정서적 부조화 상태에 있을 것'이라는 사회적 편견이 있다. RJ는 태어날 때부터 쾌활하고, 진취적이며, 심성이 따뜻하고, 기본적으로 만족감을 느끼는 아이였다. 유아 시절, RJ는 배고프거나 어딘가 아픈 곳이 있을 때만 그것을 알리기 위해 울었다. 6개월 정도 되었을 때, 아이는 거의 몇 시간을 요람에서 누워 잘 놀았다. 자기 장난감을 쳐다보면서, 가끔 손가락을 빨며 무슨 생각에 잠긴 듯했다. 아이는 유별나게 관찰력이 있었고, 좀처럼 지루해하거나 실망하는 표정을 짓지 않았다. 새로운 사람이나 새로운 상황에 대해 두려움을 표시하지 않았고, 쉽게 적응했다.

제이슨은 달랐다. 적어도 유아기는 달라 보였다. 자주 그리고 오래 울었고, 달래기가 어려웠다. 계속 움직이는 것을 원했다. RJ가 6개월 정도 되었을 때 몸을 가누었던 것에 비해, 제이슨은 기는 것도 힘들어했다. 그것에 분노하는 듯했다. 제이슨도 높은 관찰력을 가진 듯했고, 끊임없이 새로운 자극을 원했다. 마치 제이슨은 제 마음대로 움직이지 못하는 육체에 갇힌 듯했다. 자기 자신과 전쟁을 벌이고 있는 듯했다. RJ와 마찬가지로 새로운 사람, 새로운 상황에 두려워하지 않았고, 무언가 새로운 관찰 대상을 계속 찾는 것 같았다.

지금 보면 두 아이는 서로 많이 다르다. 제이슨은 여전히 새로운 자극을 찾는다. 새로운 책, 새로운 프로젝트, 새로운 미술 재료, 새로운 공예 재료를 찾아야 만족한다. 그에 비해 RJ는 여전히 꿈꾸는 아이로 여러 가지 프로젝트에 관여하긴 하지만, 자기 머릿속에서 상당한 시간 동안 여러 가지 생각을 하는 것에 몰두한다. 두 아이의 관심사가 항상 일치하는 것은 아니지만, 공유하는 것을 좋아하며, 기질적인 차이가 있음에도 다른 아이들과 있을 때보다 둘이 있을 때 더 즐거워하는 것 같다.

RJ를 아는 많은 사람이 나에게 자신들이 아는 고도 지능아들은 모두 불행한 아이라고 말한다. 아이가 행복해 보이는 것은 나나 남편인 밥이 아이에게 특별히 잘하기 때문이라고 한다. 그건 기분 좋은 말임이 틀림없다. 우리 양육 방식이 훌륭하다고 믿고 싶은 마음이 드는 것도 사실이다. 하지만 그렇게 되면, 다른 고도 지능아들의 고통은 그 부모들의 잘못이란 이야기가 돼버린다. 그건 그다지 공정한 평가가 아닌 것 같다. RJ는 처음부터 쾌활하고 밝은 아이였다. 마치 머리 색깔과 같이 타고난 천성이었다.

대부분의 고도 지능아들이 행복하지 못한 이유는 무엇일까? 많은 연구 결과 지능지수 130~140 정도의 아이들이 정서적으로 안정되고, 행복감을 느끼고, 능력 있고, 외향적이고 성공적이라고 한다. 반면 지수 150 이상의 아이들은 크건 작건 간에 정서적 문제가 있다고 한다. 그런 아이들은 모두 부적합한 부모를 만났거나 불안정한 가족을 만났다는 말인가? 물론 가족 문제만 있는 것은 아니다. 이 아이들은 자기에게 맞지 않는 세상에 사는 것이다. 문화가 맞지 않고, 다른 사람들의 기대에 맞지 않는 것이다. 특히 그들은 학교생활에 적응하기가 쉽지 않다. 그런데 문제는 깨어 있는 시간 대부분을 학교에서 지내야만 한다는 것이다.

더 복잡한 문제는 학교라는 것이 교육의 장이며, 영재는 배우는 것을 좋아하고, 배우는 데 가장 유리한 조건을 갖고 있다는 점이다. 학교는 어떤 의미에서 영재들에게 엄청난 약속을 하고 있다. 영재에게 있어 배움은 최대의 즐거움이다. 그렇다면 영재는 학교에서 가장 큰 즐거움을 얻을 수 있어야 한다. 하지만 학교생활이 그다지 좋은 것이 되지 못한다는 것을 깨닫게 되면, 영재들은 아픔을 견뎌야 한다. 학교가 결코 그들을 위한 프로그램이 되지 못한다는 것을 알게 되면, 영재는 그저 할 수 없다고 포기할지도 모른다. 학교를 배움의 장으로 기대했던 아이들은 실망을 느끼거나 그 이상으로 절망할 수도 있다. 원래 낙천적인 아이들까지도 너무도 기대와 동떨어진 현실에 실망하고, 해를 거듭할수록 그런 좌절감은 더 심해진다. 결국, 정서적인 고통을 겪게 된다.

물론 모든 문제를 학교로 돌리는 것도 정당한 것은 아니다. 아이의 기질이 어떠하든, 고도 지능아의 경우, 양육하기가 쉽지가 않다. RJ와 처음으로 대립한 예에서 보듯이, 고도 지능아는 어른들보다 더 많은 꾀를 갖고 있다. 이런 일은 한두 번에 그치는 것이 아니고 계속 일어나게 되어 있다. 아이가 부모의 행동을 지속해서 감시하면서 여러 모순을 지적하고 말과 행동이 다르다는 것을 끊임없이 지적한다면, 부모 대부분은 견디기가 힘들게 된다. 아이 앞에서 말 한마디, 행동거지 하나하나를 조심할 수는 없는 일이다.

그뿐만 아니라 영재는 부모에게 엄청난 시간, 에너지, 돈을 요구하는 존재다. 아이 하나를 키우는 데, 메르세데스 벤츠 한 대의 비용이 든다면 영재를 키우는 데는 두 대의 비용이 든다. 많은 사람이 장애아를 키우는 데 큰 비용이 필요하다는 점에는 동의하면서 영재를 키우는 데 그렇다는 것에는 동의하지 않는다.

마지막으로 부모의 이기적인 목적이 문제가 될 수 있다. 부모들이 자신의 이기적인 목표, 혹은 대리 만족을 위해 아이를 이용하려 들면, 영재들은 매우 섬세하게 그것을 감지해낸다. 그런 일이 일어나지 않을 것 같지만, 실제로 우리 스스로 어리석은 함정에 빠지는 일이 있다. RJ는 자신이 이용당한다는 느낌이 들면, 갑자기 여러 사람 앞에서 아기 소리를 하곤 했다. 아이는 부모가 아이들의 재능을 자랑하고 싶어 하는 상황이 어떤 것인지 빠르게 감지했다. 아기 소리를 사용하는 빈도가 늘어나면 그만큼 스트레스를 받고 있다는 것임을 알 수 있었다. 아이의 재능을 보여주고 싶은 상황에서 아이가 유치한 아기 짓을 한다면 내가 곤란해질 것이다. 그런 예상은 결코 어려운 것이 아니다.

영재를 기르는 부모의 여러 가지 어려움은, 아이가 기질적으로 까다로운 경우에는 훨씬 더 가중되고 복잡하게 된다. 아이가 똑똑한데도 부모가 아이를 양육하는 데 어려움을 겪는 이유를 다른 부모들은 이해하기 어렵다. 하지만 그런 부모들은 특별한 도움이 필요하다.

입학해서 발견한 영재성

고도 지능아가 학교에 가기 전에는 그래도 문제가 심각하지 않다. RJ나 제이슨의 경우처럼, 학교에 입학하기 전에는 아이가 특별한 것을 미처 모르고 지날 수도 있다. 집이나 친절한 유아원에서는 아이가 보통 아이들과 달라도 아이 혼자 놀 수 있을 만큼 융통성을 가질 수 있다. 그러나 학교에 들어가면, 이런저런 이유로 문제가 생기기 시작한다. 학교에 대한 반응은 다양하지만, 피할 수 없는 한 가지는 생애 처음으로 공부하는 방식에 문제가 생긴다는 것이다. 처음엔 그것이 과연 부정적인 반응인지 의심스럽지만, 한두 가지 부정적인 반응이 일어난다. 어떤 아이들은 학교가 요구하는 것에 집착함으로써 어른들을 만족하게 하려 한다. 어떤 아이들은 학교에 흥미를 잃어버리고, 어떤 아이들은 반항하고 결국 사고를 일으킨다. 어떤 아이들은 차례대로 여러 반응을 보인다. 어떤 경우이든 결국 아이들의 학습 태도와 학습 습관, 학습 능력에 손상을 입게 된다.

RJ는 28개월부터 유치원에 가기 시작했고, 이미 몬테소리 유아원에서 상당한 학습을 받은 상태였다. 일찍부터 많은 것을 배운 탓인지 초등학교에 들어간 아이는 왜 학교에서 읽을거리를 주지 않고 놀기만 하는지 의아해했다. 이에 나는 교사를 찾아가 아이에게 적당한 읽을거리를 주었으면 좋겠다고 말했다. 그러자 교사는 RJ가 특별히 지루해하지 않고 잘 지내고 있고, 28명의 다른 아이들은 아직 숫자도 모르고, 색도 구분하지 못한다고 했다. 교사는 지금 당장 RJ에게 해줄 수 있는 것이 별로 없다고 했다.

한동안 그대로 지내다가, 읽을 수 있는 아이 몇을 모아 별도의 수업을 받을 수 있었지만, 거의 1년간 아이는 아무것도 배울 수 없었다. 대신, 아이는 수업 중간의 놀이 시간이나 점심시간, 미술이나 음악 시간을 즐기는 듯했다. 그래서 RJ는 즐거워했고, 그다지 많은 불평을 하지 않았다. 처음으로 아이에게는 학교가 참고 견뎌야 하는 곳이 돼버렸다. 자유롭게 탐구하고 자기 속도에 맞는 학습을 할 수 있는 환경이 아니었다.

아이가 잘 참아주었기 때문에 나는 아이가 가진 문제가 심각하다는 것을 미처 깨닫지 못했다. 그러나 RJ가 다니는 학교의 3, 4, 5학년을 대상으로 시에 대한 특별 수업을 하기 위해 한동안 특별 교사로 일하게 되었을 때, 이 문제가 간단치 않음을 깨달았다. 이렇게 어린아이들을 대상으로 일한 적이 없었기 때문에,

나는 곧 무언가 잘못되었음을 직감할 수 있었다. 내가 우리 아이와 통상적으로 사용하는 단어를 4, 5학년 아이들은 이해하지 못했다. 그래서 수업 중간에 단어를 설명해야 하는 일이 매우 많았다. 이후 우리는 길고 긴 탐험을 시작하게 되었다.

나는 우선 몇 권의 책을 읽으면서, 우리 아이가 영재가 아닌가 생각해보았다. 우리는 아이가 생각하고 배우는 것을 보여주는 몇 가지 대화 내용을 기록하기 시작했다. 어느 날 아이는 학교에서 아프다는 핑계로 집으로 돌아왔다. 아이가 나에게 45 곱하기 18이 뭐냐고 물었다. 내가 계산해 알려준 다음, 왜 그런 것을 물어보냐고 물었다. 학교에서는 열 살 이전에는 더하기, 빼기만 가르치므로, 아이가 곱하기가 무언지 알기는 하는 것인지 궁금했다. 아이는 어항 위에 뚫린 구멍이 너무 많아서 모두 셀 수가 없었다고 했다. 그래서 긴 쪽의 구멍 수와 짧은 쪽의 구멍 수를 세어보았다는 것이다. 그러나 숫자가 너무 커서 곱할 수가 없었다고 했다. 우리는 아이가 그런 원리를 어떻게 깨우쳤는지 알 수가 없었다. 단지 우리는 그걸 누군가 가르쳐준 것이 아니라 스스로 터득했다는 것만 확실히 알고 있다.

이런 사례들을 수집한 다음, 우리는 '전문가'를 만나서 아이가 정말 특별한 영재인지 상담을 받아보려 했다. 이 단계에서 우리는 수많은 영재 부모들이 겪어야 하는 문제와 맞닥뜨리게 되었다. 교육 전문가에게 '아이가 혹시 영재 같은 것이 아닌가?' 하고 물어보는 단계부터 부모들은 당혹감을 느끼고, 약간 놀라기도 하게 된다. 만약 우리가 착각한 것이라면? 과대평가한 것이어서 전형적인 고슴도치 엄마가 되는 것이 아닐까? 하는 걱정이 앞서는 것이었다.

전문가라는 사람을 만나 들은 이야기는 걱정했던 바로 그것이었다! 왜 그런 생각을 했는지, 우리가 잘못 본 것은 아닌지, 우리가 정직하게 말하는 것인지, 아이에게 선행 학습을 시킨 것이 아닌지 모든 것을 의심받아야 했다. 우리가 들은 이야기를 정리하면, RJ의 지적 수준은 다소 뛰어나긴 하지만, 놀라울 정도는 아니란 것이다. 그건 부모가 다소 무리하게 선행 학습을 시킨 결과로 보인다며, 무리한 선행 학습에도 아이가 정상적인 것이 오히려 다행이라고 했다. 결론적으로 아이는 문제가 없을 것이며, 그런 정도의 아이는 많으니 걱정하지 말라고 했다.

담임 선생은 그런 평가에 강력히 반발했다. 무리한 선행 학습은 결코 없었으며 오히려 RJ와 학습하려면, 성인들도 계속 공부해야 할 상황이라고 했다. 선생은 자기가 아는 한, RJ같이 우수한 학생은 한 명도 없었다고 했다. 그러면서 이 아이에게 적합한 교육 프로그램을 찾기가 쉽지 않을 것 같다고 걱정했다. 어쩌면 학교 운영진과 마찰이 일어날 수 있다고 경고했다. 그리고 지능검사를 해서 어느 정도 공신력 있는 결과 수치를 확보하는 것이 좋겠다고 조언했다. 그것이 다음 단계였다. 심리학자에게 의뢰해 지능검사를 하는 것이었다.

지능검사를 받다

나는 지능검사를 마치고 집으로 차를 몰아 돌아오던 때를 영원히 잊지 못할 것이다. 우리는 '명석하지만 정상'이라는 검사 결과가 나오기만을 고대했다. 마치 아이의 운명에 어두운 전망이 나오는 것이 아닐까 긴장하고 굳어 있었다. 이런 심리적 불안감과 당혹감을 다른 이들은 좀처럼 이해하지 못할 것이다. 우리는 '똑똑한 사람들은 결국은 불균형한 인간이 될 것'이라는 선입견을 품고 있었다.

아이가 영재라는 것이 밝혀지면, 우리는 아이를 파괴적인 방향으로 몰고 가게 되지 않을까? 우리가 아이에 대해 새롭게 알게 된 문제들을 제대로 소화할 수 있을 것인가? 우리로선 알 수 없었다. 과연 지적인 조숙이 좋은 것인가? 분명한 것은 그것이 좋은 것인지 나쁜 것인지는 중요하지 않다는 점이었다. 결과가 어찌 되었든 RJ는 여전히 RJ일 것이고, 우리가 해야 할 일은 이 아이의 특성을 제대로 이해하고 이 아이를 도와줄 방법을 익히고, 현실에 적응하려고 노력하는 것이다.

심리학자가 마지막 검사를 마치고 나에게 결과를 말한 순간 역시 영원히 잊지 못할 것이다. 그녀는 결과에 대한 계산을 마치기도 전에, 이 아이는 자기가 만난 아이 중 가장 지수가 높은 아이라고 말했다. 그 순간이 나에게는 끔찍한 선고처럼 느껴졌다. RJ는 우리가 '천재'라고 말하는 범위에 들어 있었다. 밥[RJ의 아빠]과 나는 심리학자와 마지막으로 면담을 마치고, 이 사실을 어떻게 받아들여야 할지 모른 채, 집으로 차를 몰고 돌아가야 했다. '교육 전문가'라는 사람과의 불쾌했던 면담 이후, 우리가 옳았음을 확인한 점은 나쁘지 않았다. 하지만 아이에게 어떻게 제대로 된 교육을 제공할 것인지, 아이가 이 세상 어떤 곳에서 안주할 수 있을 것인지에 대한 두려움은 감당하기 어려웠다.

제이슨의 부모는 결국 제이슨도 검사를 받아 보도록 결정하고 학교의 심리학자를 찾아갔다. 학교에서는 제이슨의 지능지수가 150이라고 했다. 그건 RJ보다 약간 아래의 지수였기 때문에 나는 말이 안 된다고 생각했다. 나중에 알게 되었지만, 학교에서 한 검사의 한계치가 150이었다. 그러나 누구도 말하지 않았다. 나중에 알게 되었지만, 테스트의 한계치를 넘는 아이는 별도의 검사를 받아야 정확한 정도를 알 수 있다.

제이슨의 엄마와 나는 제이슨이 여섯 살이 되던 여름에, 이미 분당 800단어 정도를 읽었고, 읽은 내용을 정확히 이해하고 있다는 것을 알고 있었다. 이 일로 우리는 지능검사가 다가 아님을 알게 되었다. 전문 서적에서 지수 180 이상의 아이는 혼자서 속독을 익힐 수 있다는 내용이 있었다. 제이슨은 결국 그런 범위에 드는 아이인 것 같았다. 그렇다 하더라도 우리가 정말 알고 싶은 내용에 대해서는 정확한 정보가 없었다. 지수가 150을 넘고, 180을 넘는다는 것이 정말 어떤 뜻인지 이해하기 어려웠다. 제이슨과 RJ는 어떻든 학교생활에 적응하고 있었고, 그건 아마도 부모로부터 그나마 도움을 얻었기 때문이 아니었나 싶다.

영재교육의 민낯

RJ를 선뜻 맡길 수 있는 교육 프로그램을 찾기 위해 영재교육에 대한 조사 작업을 시작했다, 그게 오늘날 나의 직업 일부가 되었다. 처음에는 좀 더 자료와 책을 많이 읽으면 답을 발견할 것으로 생각했다. 몇 개월이 지난 후, 나는 답이 없거나, 그게 아니라면 답은 너무 많지만, 서로 불일치하기 때문에 결국 정답이 없다는 것을 깨닫게 되었다.

50년 전, 레타 홀링워스라는 학자는 이런 주장을 했다. 지수 150 이상의 아이들은 초등학교 과정을 일반적인 아이들보다 4분의 1 혹은 그보다 짧은 시간에 소화하는 것 같다고. 이미 50년이 지났지만, 아무도 이런 아이들에게 그런 교육을 제공하고 있지 않다.

이 사람 주장에 따르면, 지수 150 이상의 아이들은 수업 시간의 4분의 3을 그냥 버려야 한다는 이야기가 된다. 지수 180이 넘는 아이들은 시간 대부분을 낭비한다는 결론이다. 그러나 어떻게 해야 이런 일을 피할 수 있다는 이야기는 어디에도 없었다. 하루에 6시간씩 시간을 소모해야 하는 학교 시스템에서 이런 아이들에게 무엇을 해줄 수 있는지 아무런 설명이 없었다. 그뿐인가? 주말에도 여름 방학 기간에도 이 아이들은 많은 시간을 불필요한 과제를 위해 시간을 소모해야 한다. 이런 문제를 아이들에게 어떻게 설명한단 말인가?

교사도 부모들이 말하는 식으로 아이가 학습한다는 것을 믿기 어렵다. 일반인들 상식으로 볼 때, 그렇게 빨리 무언가를 배운다는 것은 믿기가 힘들다. 실제로 눈으로 보면서도 믿지 못한다. 그건 뭘 배운다기보다 이미 아는 것을 다시 한 번 되새김하는 것처럼 보인다. 많은 조사 작업과 매일 겪는 경험을 통해 얻은 결론은, 현행의 교육 프로그램은 어느 것도 고도 지능아에게는 맞지 않는다는 것이었다. 이런 환경은 교육자들과 영재 부모를 대립시키는 조건이 돼버린다.

에디슨이 '교육을 받을 수 없는 아이'라고 낙인 찍혔던 것은 결코 드문 사례가 아니다. 고도 지능아들은 일반 학교에서 가르치는 것과는 아주 다른 방식으로 학습한다. 대부분의 교육 모델은 한 번에 조금씩 제시되고, 하나씩 자세하고 다루고, 다음에는 그다음 내용을 조금 더 추가하는 형식이다. 그런 단계를 계속하다가 보면 큰 그림이 보이게 된다. 단계별로 접근하는 것이다. 그러나 영재의 경우는 한 번에 큰 그림이 제시되고 즉시 윤곽을 잡는 방식이 적합하다. 영재에게 상세한 부분에 집중하라고 요구하면, 아이는 과제가 오히려 어렵고, 지루하고, 왜 그런 것을 배우는지 이해하기 힘들어한다.

고도 지능아를 학교 체제에 집어넣는 일은, 마치 광야에서 태어나 달리기에 이골이 난 원주민을 운동장 트랙 시발점에 세우는 것과 비슷하다. 트랙에는 색깔로 구분된 일직선 주로가 나란히 그려져 있다. 그리고 그 주로를 달릴 때 반드시 금을 밟지 말고, 금과 금 사이에 발이 떨어져야 한다. 원주민에게 그런 규칙을 요구하면 리듬과 균형 감각이 깨져 넘어지고, 비틀거리고, 경기를 포기할지도 모른다. 자신에게 가장 자연스러운 방법으로 뛸 때 최고의 기량을 보일 수 있는데, 누군가 옆에서 금을 밟지 않는지, 제시간에 스타트하는지 꼼꼼히 지켜보며 평가한다면, 능력을 발휘할 수 없다. 그런데 사람들은 "대단해 보였지만 실제로는 꼭 그렇지도 않은 모양이야"라고 수군거릴 것이다.

영재 부모들은 교육 전문가들과 이런 문제를 다투어야 하는 상황이다. 아이가 학교 규칙을 잘 지키는지에 대한 평가가 아이가 가진 고유의 능력보다 더 중시되는 것이다. 흔히 "당신의 아이는 당신들이 생각하는 것만큼 지적 능력이 있는 것은 아닙니다"라는 이야기를 듣게 된다. 나는 "당신 아이보다 훨씬 지능이 높으면서도 학교생활을 잘하는 아이가 몇 명은 된다"는 이야기를 실제로 여러 차례 들어야 했다. 또는 당신 아이의 지능이 약간 높은지는 모르지만, 아이가 고집이 세고, 반사회적이고, 다루기 힘들다는 이야기도 자주 듣게 된다. 교사 대부분은 고도 지능과 '학문적인 재능'이 어떻게 다른지 이해하지 못한다. 학문적 재능은 학교 제도 안에서 성공할 수 있는 요소이다. 아인슈타인은 "멍청하고 느려 터졌다"는 소리를 들었고, 에디슨은 "부적합자"라는 판정을 받았고, 피카소는 "괴팍하다"고 배척당했다는 사실을 기억하면 조금 도움이 될 것이다.

부모와 교육 전문가들이 대립하게 되는 주된 이유는 학교생활이 아이에게 정서적으로 매우 심한 손상을 준다는 사실을 제일 먼저 부모가 알게 되기 때문이다. 부모들은 아이가 학교에 가기 전에 보여주었던 모습을 잘 안다. 그리고 학교생활을 시작하며 아이가 변하고 힘들어하는 것을 보게 된다. 학교는 아이가 가진 내적인 학습 욕구를 좌절시키고, 자신에게 맞지 않는 방식으로 아이를 강제로 적응시키려 하기에 실패하는 것이다. 하지만 부모들도 상당히 늦게야 그것을 깨닫게 된다. 부모도 학교를 원인으로 지목하기 전까지 다른 이유가 있을 것이라 생각한다. 만약 학교가 원인이라면 뚜렷한 대책이 떠오르지 않기 때문에 학교를 원인으로 생각하기가 더 힘들다.

학교생활 분투기

심리학자의 권고에 따라, 우리는 많은 학교를 방문한 뒤, 아이의 진도에 따라 개별 학습을 제공하는 한 사립학교를 선택했다. 먼저 1학년부터 시작하기로 했다. 우리는 수업료가 상당히 비싼 이 학교가 어떻게 하는지 일단 지켜보기로 했다. 일단 지켜보기만 하기로 한 이유는 첫째, 우린 1학년 학생들에게 어떻게 교육을 시작해야 하는지 아무것도 몰랐기 때문이다. 둘째, 모든 일에 끼어들 수는 없다고 생각했기 때문이다. 그때는 그렇게 생각했지만, 결국 영재 부모는 그렇게 될 수밖에 없다는 것을 나중에 깨닫게 되었다. 우리는 지능지수와 심리학자의 평가 보고서, 그리고 아이가 그동안 학습해온 방식에 관해 설명했다. 그리고 학교가 그런 정보를 바탕으로 무언가 해주기를 기대했다. 그러나 11월, 첫 번째 학부모 간담회를 할 즈음, RJ는 꾀병을 부리며 학교에 가지 않으려는 상태에 이르렀다. 아이는 이미 인내의 한계에 도달해 있었다.

심리학자의 도움을 얻어, 약간의 교육 방식에 변화를 줄 수 있었다. 예를 들어, 아이에게 5학년에게 주는 독서 목록과 어휘 독본을 주도록 했다. 그것이 약간 도움이 되는 듯했다. 하지만 우리가 지금 알고 있는 것들을 그때 알았더라면 좀 더 빨리 그것으론 충분하지 않다는 것을 알아챘을 것이다. 봄이 되었을 무렵, RJ는 더는 따뜻하고, 진취적이고 행복한 아이가 아니었다. 불평을 말하고, 까다롭고, 걸핏하면 말씨름하고, 화를 냈다. 나와의 관계도 점점 부정적이 돼서, 나중에는 거의 싸우는 것이나 마찬가지가 되었다. 처음에는 무언가 우리가 아이에게 잘못한 것이 아닌가 자책했다. 그다음에는 아이가 일곱 살이 되는 과정에서 보이는 발달 심리의 문제라고 생각했다. 하지만 RJ의 경우, 발달 심리학에서 이야기하는 여러 가지 유아기의 위기를 아주 쉽게 넘어갔다는 사실을 잊고 있었다. 아이가 변한 것은 학교밖에는 다른 이유가 없었다.

오로지 학교 문제에 집중했던 것은 아니지만, RJ가 또래 아이들과의 사이가 원만하지 않다는 것을 발견할 수 있었다. 그나마 다행스러운 일이었다. RJ는 아이들이 원하는 놀이에 항상 동의했지만, 아이들은 RJ가 제의하는 놀이에 절대 응하지 않는다고 불평했다. 또래 사이에서 RJ는 자신의 위치를 가늠하기 어려워했다. 자신의 정체성을 인식하는 데 어려움이 있었다. 아이들이 왜 그런 유치한 놀이를 좋아하는지 이해하기 어려웠고, 아이들은 RJ가 좋아하는 것을 이해할 수 없었다. RJ는 소속감을 위해, 또래 아이들이 보이는 다소 난폭한 행동을 모방했다. 그러자 RJ에게서 좀 더 성숙한 통제력을 보여줄 것이라고 기대했던 어른들은 실망했고, 아이는 그것에 당황했다. 우리는 다음 해에는 2단위¹단위는 1~2학년이고, 2단위는 3~4학년 과정에 해당에서 공부할 수 있게 해달라고 요구했다. 그것이 아이에게 더 나을 것으로 생각했다.

1학년이 끝나자, 마치 누군가 마술 단추라도 누른 듯했다. 갑자기 RJ가 원래의 성격을 회복했다. 불평도 사라지고, 벌컥 화를 내는 일도, 줄곧 시비 거는 일도 없어졌다. 역시 원인은 학교였다. 그것이 교육적이든, 사회적이든 모든 면에서 영향을 주었다. 2단위에서 학년이나 나이에 상관없이 자유롭게 친구를 사귈 수 있게 되자, 아이는 자기보다 어린아이, 동갑, 나이 많은 아이를 가리지 않고 어울릴 수 있었다. 언제나 그렇듯, RJ는 어른들과 어울리는 것을 즐겨했다. RJ와 제이슨은 그때 멀리 떨어져 살았지만 서로 방문하는 일을 무척 좋아했다. 열두 살짜리들이 즐길 만한 이야기부터 일곱 살짜리가 할 만한 놀이까지, 아이들은 자유자재로 넘나들며 놀았다.

제이슨의 1학년은 그래도 견딜 만했다. 아이를 이해하는 교사를 만났기 때문이었다. 제이슨이 과제를 재빨리 끝내기만 하면 나머지 시간은 책을 읽게 허락했다. 제이슨은 RJ보다 급우들과 말썽을 일으키지 않았는데, 그건 될 수 있는 한 아이들과 어울리기를 피했기 때문이었다. 제이슨이 독서에만 몰두한 것이 평온을 유지하게 된 이유지만 그것이 오히려 폐쇄적인 성격을 강화한 것인지, 아니면 결과적으로 그에게 도움이 된 것인지 판단하기 어렵다. 하지만 제이슨에게 있어 외부 세계란 이해하기 어려운 곳이었다. 그래서 안전한 책 속에 머물기를 원했다.

　RJ의 학교에서는 월반 논쟁이 벌어졌다. 3학년으로 월반할 경우, 극단적인 문제가 발생할 수도 있다는 주장이 나왔다. "그렇게 하는 것은 절대 도움이 되지 않을 겁니다"라고 말하는 이가 있었다. 하지만 우리는 월반을 고집했고, 이후 우리 생각이 틀리지 않았음을 알게 되었다. 편입한 지 2주일쯤 지나자 RJ는 언어 예술 우수 반으로 편입했고, 그해 말 4학년 무난히 과정을 마칠 수 있었다.

　아이에게 가장 힘든 것은 4학년에게 주어지는 엄청난 양의 숙제였다. 아이는 하루에 6시간이나 공부하고도 숙제를 해야 한다는 것에 진저리를 쳤다. 필기법을 새로 배웠기 때문에 다른 아이들에 비해 속도도 느렸고, 알아보기도 어려웠다. 게다가 원래 꿈꾸기를 좋아하고, 온갖 잡다한 것에 관심을 보이는 생활 태도를 보였기 때문에 조직적인 일에 재미를 느끼지 못했다. 하지만 또래 아이들보다 4학년 아이들과 훨씬 잘 어울렸다. RJ의 성공은 아마도 두 분 선생님의 영향 때문인 듯하다. 친절하고 애정이 넘치는 분들로 RJ가 제대로 해나갈 수 있도록 배려하고, 아이가 공부하는 방식을 이해했다.

그러는 사이 제이슨은 학교에서 전쟁을 치르고 있었다. 공립학교에서 2학년이 되었는데, 새로운 담임 교사가 독서를 허락하지 않았다. 그리고 다른 아이들과 어울리도록 아이를 몰아세웠다. 두 달이 지나자, 아이는 완전히 혼란에 빠졌고, 고통스러워했다. 결국, 완전히 혼자만의 세계로 후퇴했다. 학교 문을 들어갈 때부터, 학교 울타리를 벗어날 때까지 누구와도 말하지 않았다. 집에서는 그런 지옥 같은 학교에 계속 보낸다는 이유로 부모에게 화를 냈다. 제이슨에게 학교는 고문과 같았다. 부모들은 결국 심리학자를 만나 다시 지능검사를 했다. 그리고 심리 임상 치료를 받게 했다. 일주일에 두 번 받는 치료가 제이슨을 그나마 버티게 했다. 그렇지 않았다면 제이슨은 아마도 심각한 심리적인 손상을 입고 다시는 회복되지 못했을지 모른다.

RJ의 두 번째 월반은 몇 명의 친구들과 같이했고, 그 친구들이 그대로 RJ의 친구가 됐지만, 첫 번째 월반보다 효과가 없었다. 3단위에는 5~6학년 아이들이 같이 공부했는데 RJ는 고작 여덟 살이었다. 물론 담임 선생님들은 새로운 분들이었다. 6학년 아이들이 RJ를 계속 놀렸고, 선생님들은 이걸 효과적으로 막아주지 못했다. 오히려 전체 학급 학생들에게 RJ가 어리고 작은 아이라는 것을 자꾸 상기시켜서 아이의 입지를 미묘하게 약화했다. 학년 말 성적표에 적힌 담임 교사의 전반적인 평가는 아이의 성적이 우수하지만, '미성숙'하고 '조직화되지 못했다'는 것이었다. '학습 태도가 불량하다'는 표현을 수없이 반복했다. 또다시 1년 내내, 숙제 문제가 RJ와 나의 갈등 요인이 되었다. 학교는 하나의 훈련으로 숙제를 강조했고, RJ는 그런 우둔한 과제를 해야 할 이유를 찾지 못했다. 숙제의 목적은 오로지 자기의 시간을 뺏기 위한 것으로 생각했다. RJ는 학년 말이 되자, 기뻐했고, 한편으로 안도했다.

제이슨은 3학년에서 다른 여덟 살 아이들과 같이 지내야 되었지만, 훨씬 나은 학년을 맞았다. 비교적 유연하게 수업을 조절해줄 수 있는 사립학교로 전학했고, 거기서 다른 영재를 만나 곧 친구가 되었다. 임상 치료를 계속 받는 것도 도움이 되었고, 다음 해 봄에는 이제 정기적인 치료는 중단해도 되지 않을까 하는 정도가 되었다.

RJ가 5학년을 마친 여름, 우리는 다른 주로 이사하게 되었다. 서둘러서 학교 탐색을 마쳤다. 그때는 고도 지능아에게 적합한 학교를 선택함에 절대적인 것이 무엇인지 알 것 같았다. 유명 사립학교들은 많은 학생을 아이비리그 대학에 입학시키는 것을 상당히 자랑스럽게 생각했다. 우등생 명단과 석차를 발표해 경쟁을 유도했다. 또 '가장 우수하고, 가장 지적 능력이 높은 아이들'을 교육한다는 명성에 대단히 방어적이었다. 이 학교들은 자신들이 제공하는 교육 이상의 것은 없다는 것을 강조했고, 어떤 아이는 조금 다른 방법이 필요하다는 것을 인정하지 않았다. 그럴 가능성조차 인정하기 싫어했다.

이런 학교는 일반 영재들에게는 적합할 듯하다. 특히 좌뇌적인 성향의 학업 우수자에게는 유리할 것이다. 그러나 고도 지능아에게는 적합한 환경이 아닌 듯했다. 고도 지능아의 특성은 학습 능력의 차이에서 오는 것이 아니라, 학습 방법의 차이에서 오는 것이다. 이런 차이에 대해 엄격하고 경직된 학교는 피하는 것이 바람직하다. 자신이 원하는 과제를 탐구할 수 있는 자유가 주어지는 학교를 선택해야 한다.

다행히 우리는 융통성이 대단히 많은 사립학교를 발견했다. 이 학교는 아이들이 자신에게 맞는 진도를 선택할 수 있는 곳이었다. 이런 환경이라면 모든 아이가 하나의 개인으로 존중될 수 있다. RJ는 더는 유별난 존재가 될 필요가 없었다. 특별히 섬세한 선생님을 만났고 RJ의 학교생활은 다시 성공적이 되었다. 학교는 비폭력과 서로 다른 차이에 대한 관용을 강조했고, 이것이 아이의 사회성을 원만하게 만들었다.

학업 성취는 높은 것도 있고, 아닌 것도 있었다. 아이의 과제는 중학교 수준이었지만, 공식적으로는 5학년이었다. 아마 RJ가하고자 했다면 더 배울 수 있는 것도 많았을 것이다. 그러나 RJ 스스로 학교생활을 편안하게 느꼈고, 학교의 공부 방법에 만족했다. 새로운 것들을 할 기회도 많았다. 드라마, 도자기, 달리기를 배웠다. 학교생활이 편안하다는 것은 대단한 의미가 있다. 학교생활이 편안해야 다른 것들에 에너지와 열정을 쏟을 수 있다. 학교생활이 불편했을 때는 그럴 수가 없었다.

4학년이 되자, 제이슨의 학교생활은 다시 한 번 힘들어졌다. 친구 관계는 점점 어려워졌고, 폭력적이 돼버렸다. 학급에서는 더는 배울 것이 없었고, 담임 선생은 아이가 보이는 차이점을 시시때때로 지적했다. 무조건 다른 아이들과 어울리라고 강요했다. 결국, 제이슨이 다시 치료를 받아야겠다고 하자, 부모들은 전혀 다른 새로운 방법을 찾기로 했다. 전학, 과목별 월반, 홈스쿨링, 비제도권 교육기관 병행 등 할 수 있는 모든 것을 동원했다.

지수 180 이상의 초고도 지능아가 일반 학교에서 교육받으려면, 기존 제도에 변형을 가한 것으로는 부족하다. 우리는 이 사실을 아는 데까지 아주 오랜 시간이 필요했다.

고도 지능아를 키우는 삶이란 부모를 완전히 탈진하게 하는 좌절감의 연속이다. 이런 아이들은 이것저것 시도한 수많은 계획, 마구 벗어 던진 양말로 집 안을 엉망으로 만든다. 걸핏하면 학교에 호출돼 선생님과 감정적인 말씨름을 해야 하고 항상 실망스러운 결과를 듣고 돌아와야 한다. 시간과 돈이 낭비되는데, 그 이유는 합리적이지도 않고 부당하기조차 하다.

그러나 이 모든 어려움을 보상하고도 남는 것이 있다. 우리는 이미 축복의 선물을 받은 것이나 마찬가지다. 아이는 사랑스럽고, 다정스러운, 그리고 세상 어디에 다시 없는 유일한 존재이다. 아이가 가진 잠재력을 제대로 개발할 수 있도록 우리가 도와줄 수만 있다면, 이런 아이를 키우는 일은 커다란 즐거움이 될 것이다.

좋은 책을 읽지 않는 사람은 읽을 수 없는 사람보다 나을 것이 없다.

— 마크 트웨인

가장 유익한 책은 생각을 많이 하게 하는 책이다.

— 시어도어 파커

생각 없이 읽는 것은 소화하지 않고 먹는 것과 같다.

— 에드먼드 버크

이것들은 책이 아닙니다. 생명 없는 종이 뭉치가 아니라 선반 위에 살아 있는 정신입니다.

— 길버트 휴이

옛것을 생각하되 새로운 지식을 습득하라, 그러면 다른 사람의 스승이 될 것이다.

— 공자

참고자료

A. 학술지 및 정기간행물

- Gifted Child Quarterly, Gifted Education Resource Institute, Purdue University, SCC-G, West Lafayette, IN 47907.

- Journal for the Education of the Gifted, The Association for the Gifted, Council for Exceptional Children, 1920 Association Dr., Reston, VA 22091.

- G/C/T Gifted/Creative/Talented, Box 66654, Mobile, AL 36660.

- Journal of Creative Behavior, Creative Education Foundation Inc., State University College at Buffalo, 1300 Elmwood Ave., Buffalo, NY 14222.

- The Creative Child and Adult Quarterly, National Association for Creative Children and Adults, 8080 Spring Valley Dr., Cincinnati, OH 45236.

- Gifted Children Monthly, P.O. Box 115, Sewell, NY 08080.

- National/State Leadership Training Institute on the Gifted and Talented Bulletin, National/State Leadership Training on the Gifted and Talented, Ventura County, 316 West Second St., Suite PH-C, Los Angeles, CA 90012.

- The Roeper Review, 2190 N. Woodward, Bloomfield Hills, MI 48013.

B. 책, 논문, 자료

- Alvino, James, and the editors of Gifted Child Quarterly, Parents' Guide to Raising a Gifted Child. Boston: Little, Brown and Company 1985.

- American Association of Gifted Children. On Being Gifted. New York: Walker and Co. 1978.

- Anthony, J.B. and Anthony, M.M., The Gifted and Talented, A Bibliography and Resource Guide. Pittsfield, MA: Berkshire Community Press, 1981.

- Barbe, Walter B. and Renzulli, Joseph, (Eds.), Psychology and Education of the Gifted. NY: Irvington Publishers, 1975.

- Blakeslee, Thomas R., The Right Brain: A New Understanding of the Unconscious Mind and Its Creative Powers. New York: Anchor Press, 1980.

- Branden, Dr. Nathaniel, "Dealing With the Gifted Child," Jeffrey Norton Publishers, Inc., 145 east 49th Street, New York, NY 10017.

- Bricklin, Barry and Bricklin, Patricia M., Bright Child-Poor Grades, The Psychology of Underachievement. NY: Delacorte Press, 1967.

- Briggs, Dorothy Corkille, Your Child's Self-Esteem. Garden City, NY: Doubleday and Co., 1970.

- Clark, Barbara, Growing Up Gifted. Columbus, OH 43216: Charles Merrill Co., 1979.

- Colangelo, N. and Zaffrann, R.T. (Eds.), New Voices in Counseling the Gifted. Dubuque, Iowa: Kendall/Hunt Publishing Company, 1979.

- Coleman, Daniel, 1528 Little geniuses and how they grow. Psychology Today, 1980, 13^9 Feb., 28-43

- Comer, James P. and Poussaint, Alvin J., Black Child Care. NY : Pocket Books/Simon and Schuster, 1975.

- Cox, June, Educating Able Learners: Programs and Promising Practices. Austin, TX : University of Texas Press, 1985.

- Dabrowski, K. and Piechowski, M.M., Theory of Levels of Emotional Development, Vols. I and II. Oceanside, NY: Dabor Science Publishing, 1977.

- Delisle, James R., Gifted Children Speak Out, New York: Walker and Co., 1984.

- Directory for Exceptional Children : A Listing of Educational and Training Facilities, 8th Edition, 11 Beacon Street, Boston, MA 02108 : Porter Sargent Publisher, Inc., 1978.

- Dodson, Fitzhugh, How to Parent. NY: Signet Books, 1971.

- Donahue, Phil, "Gifted Children and Suicide," NBC-TV, Jan. 16, 1981.

- Dreikurs, R. and Soltz, V. Children: The Challenge. N.Y. : Hawthorn Books, 1964.

- Dreyer, Sharon, Spredemann, The Bookfinder: A Guide to Children's Literature About the Needs and Problems of Youth Aged 2-15. Circle Pines, MN : American Guidance Service, 977.

- Ehrlich, V. Gifted Children : A Guide for Parents and Teachers. Englewood Cliffs, NJ : Prentice Hall, 1982.

- Einstein, Elizabeth, The Stepfamily: Living, Loving and Learning. NY : Macmillan, 1982.

- ERIC Clearinghouse on Handicapped and Gifted Children : 1920 Association Drive; Reston, VA 22091.

- Feldhusen, John (Ed.), Toward Excellence in Gifted Education. Denver : Love Publishing Co., 1985.

- Fox, L.H. Identification of the academically gifted. American Psychologist, 1981, Vol. 36, No. 10, 1103-1111.

- Galbraith, Judy, The Gifted Kids' Survival Guide [For Ages 11-18]. Minneapolis : Free Spirit Publishing Co., 1983.
Galbraith, Judy, The Gifted Kids' Survival Guide [For Ages 10 and Under]. Minneapolis : Free Spirit Publishing Co., 1984.

- Gallagher, James J. (Ed.), Gifted Children: Reaching Their Potential. NY: Trillium Press, 1979.

- Gardner, Howard, Frames of Mind: The Theory of Multiple Intelligences. New York: Basic Books, 1983.
Artful Scribbles : The Significnace of Children's Drawing and Art, Mind and Brain : A Cognitive Approach to Creativity

- Ginott, Haim. Between Parent and Child. N.Y.: Macmillan, 1965.

- Ginott, H. G. Between Parent and Teenager. N.Y.: Mcmillan Co., 1969.

- George, William C. : Cohn, Sanford J. and Stanley, Julian C. (Eds.),

Educating the Gifted, Acceleration and Enrichment. Baltimore : The Johns Hopkins University Press, 1979.

- Greenfield, Patricia Marks, Mind and Media. Cambridge, MA : Harvard University Press, 1984.

- Grost, Audrey, Genius in Residence. Englewood Cliffs, NJ : Prentice-Hall, 1970.

- Haensly, Patricia A. and Nash, William R., Mountains to Climb. St. Paul, MN : National Association for Gifted Children, 1984.

- Hollingworth, L.S. Children Above 180 IQ. New York: Arno Press, 1975 Reprint of 1942 edition

- Horowitz, Frances Degen and O'Brien, Marion, The Gifted and Talented : Developmental Perspectives. Washington, D.C. : American Psychological Association, 1985.

- Hunt, Morton, The Universe Within. New York: Simon & Schuster, 1982.

- Kerr, Barbara, Smart Girls, Gifted Women. Columbus, OH : Ohio Psychology Publishing Co., 1985.

- Kramer, Alan K. (Ed), Gifted Children, Challenging Their Potential: New Perspectives and Alternatives. NY : Trillium Press, 1981.

- Kuralt, Charles, "Gifted Children," CBS-TV Sunday Morning News, February 2, 1982.

- Laubensfels, Jean, The Gifted student, An Annotated Bibliography. Westport, CT : Greenwood Press, 1977.

- Lewis, Davis, How to Be a Gifted Parent. N.Y. : Norton, 1981.

- Maccoby, Eleanor E., Social Development : Psychological Growth in the Paren-Child Relationship. NY : Harcourt-Brace-Jovanovich, 1980.

- Miller, Alice, Prisoners of Childhood. N.Y. : Basic Books, 1981.

- Miller, B.S. and Price, M. (Eds.). The Gifted Child, the Family and the Community. NY : Walker and Company and the American Association for Gifted Children, 1981

- Moor, Linda Perigo, Does This Mean My Kid's a Genius? NY : McGraw-Hill Book Company, 1981.

- Patterson, G. and Guillion, E., Living with Children : New Methods for Parents and Teachers. Chicago : Research Press, 1968.

- Rimm, Sylvia, Underachievement Syndrome : Causes and Cures. Watertown, WI : Apple Publishing Co., 1986.

- Strang, Ruth, Helping Your Gifted Child. NY : Teachers College Press, Columbia University, 1980.

- Tannenbaum, A.J. and Neuman, E. Somewhere to Turn : Strategies for Parents of Gifted and Talented Children. New York : Teachers College Press, Columbia Univ., 1980.

- Torrance, E. Paul, Gifted Children in the Classroom. NY : MacMillan Publishing Co., Inc., 1965

- Torrance, E. Paul, Guiding Creative Talent. Englewood Cliffs : Prentice Hall, 1962.

- Vali, Priscilla L., The World of the Gifted Child. NY : Walker and Company, 1979 and New York: Penguin, 1980 paperback.

- Whitemore, Joanne Rand, Giftedness, Conflict and Underachievement. Rockleigh, NJ : Allyn and Bacon, Inc., 1980.

- Willings, David, The Creatively Gifted. Cambridge, England : Woodhead-Faulkner, 1980 Available through Ohio Psychology Publishing Co., 131 N. High Street, Columbus, OH 43215.

- Witty, Paul (Eds.), The Gifted Child. Boston : Heath and Co., 1951.

- Wright, Logan Ph. D., Parent Power : A Guide to Responsible Child Rearing, N.Y. : William Morrow and Co., 1980.

영재의 미래를 위해 부모가 꼭 알아야 할 지침서
영재 공부

제1판 1쇄 2016년 11월 11일
3쇄 2022년 1월 14일

지은이 제임스 웨브 외 **옮긴이** 지형범
펴낸이 서정희 **펴낸곳** 매경출판㈜
기획제작 ㈜두드림미디어 **디자인** 디자인 뜰채 apexmino@hanmail.net
마케팅 강윤현, 이진희, 장하라

매경출판㈜
등 록 2003년 4월 24일(No. 2-3759)
주 소 (04557) 서울시 중구 충무로 2(필동 1가) 매일경제 별관 2층 매경출판㈜
홈페이지 www.mkbook.co.kr
전 화 02)333-3577
이메일 dodreamedia@naver.com
인쇄·제본 ㈜M-print 031)8071-0961
ISBN 979-11-5542-569-5 (03590)

책 내용에 관한 궁금증은 표지 앞날개에 있는 저자의 이메일이나
저자의 각종 SNS 연락처로 문의해주시길 바랍니다.

책값은 뒤표지에 있습니다.
파본은 구입하신 서점에서 교환해드립니다.